澳洲自营养老金完全手册

Self-Managed Superannuation Fund

一本让你真正理解并掌控自营养老金的实战手册

Paul Yang

2025 年简体中文版

免责声明

本书仅供教育目的，不构成个人财务建议。SMSF 法规随时可能发生变化，读者应就具体情况咨询持有澳大利亚金融服务许可证（AFSL）的专业人士。

作者简介

Paul Yang，认证注册金融理财规划师 CFP®、太平绅士（Justice of the Peace）。

职业生涯横跨澳洲银行，保险公司，养老金公司等。深度参与过零售基金、行业基金与个人财富管理的完整生态。正是这段从"体制内"到"独立顾问"的亲历，让他比多数人更清楚：那些留在大型基金里的钱，究竟经历了什么。

多年来，Paul 定期接受澳洲主流媒体采访，就养老金政策、SMSF 规则变化及个人财务规划等议题发表专业见解。他也是澳洲金融顾问协会（FAAA）的活跃成员，长期通过协会平台撰文，致力于普及 financial planning 的核心理念——让更多人在面对财务决策时，能够知其然，也知其所以然。

目录

前言：一个关于掌控权的故事

三条截然不同的人生轨迹，一个改变一切的夜晚。

"你人生中最大的一笔投资是什么？"

你可能会说房子。或者说股票。也许是生意。

但对大多数澳洲人来说，除了自己的家，真正的答案是：

养老金。

不信？让我们算一笔账。

假设你 25 岁开始工作，年薪\$60,000。按照澳洲的强制养老金制度（Superannuation Guarantee Contribution），你的雇主每年会为你缴纳 12%，也就是\$7,200。

如果你工作到 65 岁，这 40 年间，即使你的薪水一分不涨（实际上会涨），仅雇主缴款就累积了\$288,000。

但这还不是全部。如果这笔钱平均每年增值 7%（这是过去 30 年澳洲养老金的大致水平），40 年后，你的养老金账户将达到……

超过 100 万澳元。

这个数字震撼吗？

更震撼的是：很多人对这笔超过百万的资产，几乎一无所知。

觉醒的那一刻

陈明（化名）今年 47 岁，是一位成功的 IT 项目经理。年薪 18 万，在悉尼北区有套房，两个孩子都在私立学校。从任何角度看，他都是"成功人士"。

但 2022 年的某个晚上，他打开养老金账户的年度报表时，第一次感到了真正的不安。

- 账户余额：\$687,000

- 这一年的收益率：-5.2%
- 过去十年平均收益：6.8%
- 管理费和其他费用：$5,124

这些数字本身没什么特别的。2022 年市场不好，负收益也正常。十年平均 6.8%也说得过去。

让陈明不安的不是数字本身，而是他突然意识到的一个事实：

他对这 68.7 万背后的一切都不了解。

"它投在哪里？为什么选这些投资？2022 年为什么亏了 5.2%，是大环境问题还是基金经理判断失误？如果是失误，有什么后果吗？我能做什么改变吗？"

他发现，这些问题他一个都答不上来。

更让他震惊的是，当他开始询问朋友、同事时，发现几乎没人能回答这些问题。大家都觉得"养老金嘛，就让它在那里吧，到时候退休了再说"。

陈明的困惑不是个案。

2023 年，澳大利亚证券投资委员会（ASIC）的一项调查显示：

比例	调查发现
73%	不知道自己养老金的具体投资内容
61%	从未主动调整过投资选项
48%	甚至不知道自己有几个养老金账户
9%	每年仔细审查养老金报表

这意味着大多数澳洲人，把人生中最大的一笔长期投资，完全托付给了别人，自己却连基本的了解都没有。

两条路径：放手 vs 掌控

陈明的觉醒，引发了他两年的探索。在这个过程中，他遇到了两位对养老金有完全不同态度的人。他们的故事，帮助他做出了最终的选择。

第一个人：张华------"专业的事交给专业的人"

张华，52 岁，外科医生。养老金余额$920,000。

"我很清楚自己的优势在哪里"，张华说，"我每天要做三到四台手术，每台手术都要保持百分之百的专注。我的时间和精力，应该用在手术刀上，而不是研究股票市场。"

"当然，我也会定期查看养老金报表。如果收益率连续几年明显低于市场平均水平，我会考虑换一家基金。但我不会自己去管理投资。"

"为什么？因为我知道，要把投资做好，需要投入大量时间学习、研究、跟踪。这些时间，我用在手术上，创造的价值远高于我可能在养老金上多赚的那点钱。"

"更重要的是，我不用担心合规、审计、税务这些复杂事务。基金有专业团队处理。我付的管理费，买的就是这份省心。"

第二个人：李娜------"我要知道我的每一分钱在哪里"

李娜，49 岁，会计师事务所合伙人。养老金余额$850,000。

"2019 年，我做了一个改变我退休规划的决定：建立自营养老金（SMSF），"李娜说，"这个决定不是冲动，而是经过深思熟虑的。"

"作为会计师，我每天都在帮客户做财务规划。我见过太多人，对自己的养老金完全不了解，直到退休前几年才发现问题----余额不够、投资过于保守、或者不必要地支付了过高的费用。"

"我不想成为这样的人。所以当我的养老金余额突破 50 万时，我开始认真研究 SMSF。"

"现在，五年过去了。我的 SMSF 持有：40%优质澳洲股票，35%一处商业物业（出租给一家稳定的公司），20%国际 ETF，5%现金。"

"我能说出每一项投资的买入时间、成本、当前市值和持有理由。2020 年疫情时，我主动调整了投资组合，避免了很多损失。"

"当然，SMSF 也不是没有代价。我每年要花 25-30 小时管理，要处理审计、税务申报、合规检查。年度成本约$5,000。"

"但对我来说，这完全值得。因为我获得的不仅是可能更高的收益，更是对自己退休未来的真正掌控感。"

陈明的选择

在认真研究了两年后，2024 年初，陈明做出了决定：建立 SMSF。

他的理由很实际：

"我算了一笔账。以我现在的余额（接近 70 万），再工作 15 年到退休，如果按照行业基金平均 7%的收益率（扣除费用后），15 年后我会有约 190 万。"

"但如果我建立 SMSF，假设我能做到 8.5%的收益率（这不是天方夜谭，因为我的费用率会更低，而且我对科技行业有一定了解，可以做些主动投资），15 年后我会有约 230 万。"

"40 万的差距，对我的退休生活质量会有很大影响。"

"更重要的是，我在 IT 行业工作了 20 多年，习惯了对系统有掌控感。让我把 68 万完全交给别人，我反而会焦虑。我宁愿多花点时间，自己掌控。"

这本书的使命

陈明、张华和李娜的故事，代表了三种典型的养老金管理态度：

陈明：从不了解到主动掌控
张华：充分知情但选择托管

李娜：专业人士的主动管理

这本书不是要说服你必须建立 SMSF。 张华的选择同样明智------他清楚地知道自己的优势在哪里，也知道自己愿意为省心付出什么代价。

这本书的使命是：

帮助你做出明智的选择，

无论你最终选择哪条路。

如果你像张华一样，决定托管给专业机构：

这本书会让你明白 SMSF 的运作机制，让你在评估自己的养老金表现时，有一个参照系。你会知道什么是好的管理，什么是需要警惕的信号。

如果你像陈明或李娜一样，决定建立 SMSF：

这本书会成为你的实战指南。它不仅会告诉你应该怎么做，更重要的是，它会通过 40 个真实案例，告诉你**千万别怎么做**。

第一章 为什么需要这本书？

两位医生。相同的起点。五年后，一百三十五万与四十二万的距离。

2024 年 12 月的一个傍晚，悉尼北岸的一家餐厅里，Sarah 和 Michael 已经有将近两年没见面了。两人都是专科医生，都是五年前同一个理财讲座上认识的。那次讲座结束后，他们几乎同时做出了人生中最重要的财务决定之一：设立自营养老金（SMSF）。

当时他们的起点相差无几。都是四十八岁，年收入都在三十八万上下，账户里都有六十万澳元的养老金。连设立 SMSF 的理由都如出一辙——"想对自己的退休生活有更多掌控"。

五年后的今晚，账单摆在桌上，两个人的退休账户却像是活在了平行宇宙。

命运的分叉点

那次讲座结束后的周末，Michael 就开始行动了。他在网上找到一套 DIY 设立套餐，九百九十九澳元，两天内全部搞定。他的朋友 Mark 在银行工作，主动提出帮他管理——每年八百块，比专业会计便宜得多。"省了三千多，还不用操心，这不就是 SMSF 应该有的样子吗？"他当时想。

Sarah 的节奏则慢了许多。她花了两个月时间约见了三位不同的 SMSF 专业顾问，最终选定了一位在医疗行业积累了二十年经验的会计。设立费用四千五百元，加上每年三千七百元的管理费，在她看来是一笔明确的成本，但也是一笔她心甘情愿的投入。"我每天手术前都要反复检查设备，理财的事情也一样，马虎不得。"

Sarah 的路：相信专业的力量

Sarah 的理财顾问第一次见面就问了她一个问题："你在 Chatswood 有没有注意到哪些商业街区在过去十年里租金持续上涨？

"这个问题让 Sarah 一下子意识到，SMSF 不只是放钱进去等升值，它可以是一个主动投资的工具。

几个月后，Sarah 的 SMSF 通过有限追索权借贷安排（LRBA），以九十万元购入了 Chatswood 一处商业物业，首付四十万来自账户资金，银行贷款五十万。这处物业租给一家与 Sarah 毫无关联的会计事务所，每年租金收入六万八千元。理财顾问帮她拆算过："这笔租金在养老金阶段将完全免税，如果换成个人名义持有同样的物业，你每年光税就要多交一万五。"

剩余的二十万，一半追踪了澳交所 200 指数 ETF，另一半以现金形式保留作为流动储备。顾问叮嘱她："养老金不能断流，现金垫底是铁律。"

Sarah 并没有频繁盯盘，也没有四处打听"内幕消息"。她每年参加两次与会计的年度审查会议，听取建议，偶尔调整比例。五年里，她最大的操作是 2022 年市场低点时小幅增持了 ETF 仓位——那也是顾问建议的。

五年后，那处商业物业估值来到一百二十万，增值三十万；ETF 涨幅超过八成；加上五年累计的租金净收入，她的 SMSF 账户站上了一百三十五万元。五年增长七十七万，成本不到两万三千元。这是 Sarah 职业生涯中，扣除人力成本之后回报率最高的一笔"投资"。

Michael 的路：聪明反被聪明误

Michael 的前两年也说不上出了什么大问题。Mark 帮他打理账目，他自己看着觉得一切正常。直到 2019 年 4 月，Mark 带来了第一个"机会"。

"我有个朋友的科技公司准备上市，现在以内部价格拿股权，一年后翻五倍是保守估计。"Michael 心里明白这类说法听起来可疑，但 Mark 毕竟在银行工作多年，又是多年的老朋友。两十万澳元，就这么进了一家他从未尽职调查过的未上市公司。

四个月后，又来了第二个机会：加密货币。Mark 说某个平台的利率远超银行，Michael 又划进去十五万。

2020 年 3 月，疫情引发全球市场震荡。Michael 恐慌了。他手里还有一批正规上市公司的股票，他让 Mark 全部平仓。那批股票亏损出局，三个月后大幅反弹——但 Michael 已经不在场了。

2020 年 6 月，那家未上市科技公司东窗事发，是个精心设计的骗局。二十万元血本无归。2021 年初，加密货币平台跑路，十五万元一夜清零。Michael 第一次感到恐惧，不是对市场的恐惧，而是对自己决策的恐惧。

更糟糕的事情还在后面。2022 年，ATO 对 Michael 的 SMSF 启动审查，发现了多项合规问题：那笔未上市公司投资占到基金总资产的三分之一，早已超过投资集中度限制；五年里投资策略文件从未更新；审计也拖了半年才完成。罚款接踵而至，合计近三万元。

为了收拾 Mark 留下的一团乱账，Michael 不得不临时聘请专业会计接手，补救成本又去了一万五。2024 年，ATO 追溯认定他的 SMSF 在 2020 至 2021 财年处于非合规状态，所有收入按最高税率补税，四万二千元。

五年下来，Michael 坐在餐厅里做了一道让他沉默许久的算术。他当初引以为豪的"节省"——节省设立费三千五，节省五年管理费约一万四千五——合计省下不到两万元。而他实际的代价：投资损失三十五万，罚款和补税逾七万，补救费用一万五，还有账户里那个触目惊心的数字——四十二万，不足五年前六十万的起点。

"我不是没有能力，"他对 Sarah 说，"我只是以为 SMSF 是一件简单的事。"

五年后的重逢

Sarah 没有说什么安慰的话。她知道 Michael 不需要同情，他需要的是弄清楚为什么。

两个人从相同的起点出发，Sarah 多出来的七十七万增长，并非来自更高的智商，也不是更好的运气。她买的商业物业价值提升，本质上是悉尼北岸商业地产的市场规律；她的 ETF 跟踪指数，连选股的功夫都省了。她唯一做对的事，是从一开始就把"不懂的部分"交给懂的人，然后系统地守住规则。

Michael 失去的九十万，也不是输给了市场。他输给了信息不对称，输给了对规则的无知，输给了那种"省一点是一点"的小算盘——而这副算盘，恰恰是 SMSF 最不能容忍的心态。

SMSF 是一件精密的工具。在熟悉它的人手里，它能做到普通养老金基金永远做不到的事：持有商业物业、主动优化税务、精确安排遗产传承。但它对使用者有一个基本要求：你必须理解它的规则，或者找到真正理解这些规则的人。

这本书为什么存在？

我写这本书，是因为我见过太多 Michael，也见过太多 Sarah。

那些陷入困境的人，几乎从不是因为粗心大意，也不是因为缺乏智识。他们是医生、会计师、工程师，在各自的专业领域严谨而出色。他们只是没有人告诉过他们，SMSF 这件事究竟有多复杂，复杂在哪里，哪些错误看起来人畜无害，却会在三年后以罚款或追税的形式登门拜访。

这本书不打算罗列所有的法条，也不打算用一张张数字表格代替真实的判断力。它想做的，是通过真实的案例，带你走进那些在 SMSF 的旋转门里转了很多年的人的世界——让你在经历他们的代价之前，先学会识别那些门的存在。

读完这本书，你会清楚知道：哪些事情你可以放心自己决策，哪些事情必须依赖专业判断；什么时候设立 SMSF 是正确的选择，什么时候它其实并不适合你；合规的边界在哪里，踩线的代价有多大；以及最重要的——如何在追求财富增长的同时，守住你已经拥有的一切。

Sarah 和 Michael 的故事并没有结束。Michael 正在重建他的账户，这一次，他雇了一位专业的 SMSF 顾问。Sarah 的养老金还在继续增长。他们的分叉点，始于五年前两个看似微小的决定。

你现在正站在自己的分叉点上。

第二章 SMSF 概述

在澳大利亚，有超过六十万个 SMSF 账户在运转。每个账户背后，都有一个人或一个家庭，做出了同一个决定：把自己的退休命运握在自己手里。但"自己管理"这四个字，究竟意味着什么？答案远比大多数人第一次听说 SMSF 时想象的要复杂得多，也有趣得多。

序章：三个人的养老金决策

2024 年，三位同龄人各自面临同一个问题：手里有五十万养老金，该怎么办？

Michael 是一名软件工程师，他的答案是什么都不做。留在原来的零售基金，选"平衡型"配置，让基金经理替他操心。这个选择的隐含代价，是每年按资产比例计算的管理费——账户越涨，费用越高，就像一台永不停歇的抽水机。

Sarah 是一位医生，她做了功课，把钱转到了一家费率更低的行业基金，投"高增长"选项。她比 Michael 走了更远一步：压低了成本，也换来了更好的历史回报。但她依然活在别人划定的投资框架里，不能选择具体资产，不能决定买卖时机。

David 是一名会计师，他选择了第三条路：设立 SMSF。他每年支出约四千五百元的固定运营成本，聘请专业会计和审计师，然后用这个基金做了一件两位朋友永远无法在各自的基金里做到的事——以九十万元买下了一处悉尼市郊的商业物业，用账户里自有的资金加上银行贷款，将一个别人的租金收入，变成了他自己养老金的燃料。

二十年后，当三个人都迈过六十五岁的门槛时，David 的 SMSF 账户大约是 Michael 的两倍。差距的来源，不是运气，而是规则。SMSF 的规则，既是它的力量，也是它的门槛。

当然，David 的故事只是其中一种可能性。同样的起点，还有第四个人——Tom。他也设立了 SMSF，也有五十万的起步资金，但他选择了 DIY 一切，听信了朋友的"内幕"投资建议，忽略了投资策略和合规审计的要求。二十年后，他的账户只剩下不到一半，而他为此付出的，不仅仅是金钱，还有五年多的焦虑与补救。

David 和 Tom 的差距，揭示了 SMSF 最核心的悖论：它给了你最高的自由度，也给了你最高的责任。这两者是同一枚硬币的正反面，无法分开。

2.1 SMSF 是什么：不只是"自己管理"那么简单

许多人第一次听说 SMSF，脑海里浮现的画面大概是这样的：一个人坐在电脑前，自己决定买什么股票，自己记账，自己管理，把原本交给大型基金的控制权拿回来。这个画面是对的，但只对了三分之一。

SMSF 实际上同时拥有三重身份，而每一重身份都带来了不同层次的权利与义务。

身份一：信托

从法律结构上看，SMSF 首先是一个信托。你和你的家人是受托人，账户里的资金是信托资产，受托人以信托方式为受益人（通常也是受托人本身）持有这些资产。

这个结构创造了一道隐形的防火墙。2023 年，悉尼会计师 Andrew 的公司陷入债务危机，个人名下的资产几乎都被纳入清算范围——他的银行存款被冻结，投资房产被迫出售。但他的 SMSF 账户完好无损。破产管理人明确告知他：SMSF 是独立的信托实体，不属于个人财产，债权人无法触碰。退休那一天，Andrew 的 SMSF 里仍然有一百五十万。

但这道防火墙有一个前提：它保护的必须是正常积累的养老金，而不是为了逃避债务临时转入的资金。法律对于资产转移的时间节点和意图有严格审查，这不是一道可以随时生效的盾牌，而是一道需要你从一开始就守规矩才能立起来的屏障。

身份二：养老金基金

SMSF 同时受《养老金行业监管法》（SIS Act）约束，这赋予了它作为养老金基金的特殊税务待遇——也带来了严格的行为限制。

税务层面，SMSF 是一个高效的引擎。在累积阶段，基金收入按十五个百分点的低税率缴税；进入养老金阶段之后，同样的收入税率降至零。David 每年从 SMSF 持有的商业物业里收取六万元租金，放在 SMSF 养老金阶段里，一分税都不用交；若这笔租金以他个人名义收取，按他的边际税率，每年要上缴将近两万两千元。二十年下来，这一项差距累积，足以买下另一套小型物业。

但养老金的税务优惠并非免费的午餐。换取它的代价，是接受一整套严格的行为规范：资金必须用于退休目的，不能随意提前取用；投资不能让相关方受益；账户的运作必须接受独立审计。这些限制不是小字条款，是每一位 SMSF 受托人必须刻进日程的基本义务。

身份三：自管实体

"自管"是 SMSF 最诱人的地方，也是最考验人的地方。

2025 年 3 月，市场短暂震荡，科技股出现了难得的买入窗口。Lisa 持有 SMSF，她在几个小时内做出决策，划入二十万买入一篮子科技股。六个月后，这笔投资回报超过三成。她的朋友 Claire 在零售基金里，基金经理以"策略配置不符"为由拒绝了类似操作——她只能眼睁睁看着那个窗口关上。

同样是 2025 年，Tom 的 SMSF 账户里也发生了一件大事。他听信朋友推荐，把三十万砸进了一个他从未认真调查过的"高收益项目"。零售基金的基金经理会做尽职调查，会有合规审批，会拒绝明显不合规的资产。但在 Tom 的 SMSF 里，只有 Tom 自己——而他选择了相信那个朋友。三十万，一夜归零。

自管带来的不是保证，是可能性。它把控制权交到你手里，但控制权和判断力是两回事。Lisa 利用它获得了更高的灵活性，Tom 用它打开了风险的闸门。

2.2 SMSF 的核心优势：真实案例里的数字逻辑

SMSF 的吸引力，归根结底体现在五个方面。不是抽象的理论，而是具体的、可以核算的现实优势——但每一条都带着一个不能忽略的前提。

第一是费用结构的临界点效应。大型基金按资产比例收取管理费，资产越大，绝对金额越高。SMSF 的运营成本主要是固定的，每年大约三到五千元，不随账户规模增长。当账户余额达到一百万左右，两种成本曲线开始交叉；超过两百万，差距以每年数千到数万元的幅度拉开。Emma 在二百万的 SMSF 账户里，五年节省的管理费，足够支付一套商业物业的首付款的一部分。

第二是资产选择的边界扩展。SMSF 可以持有商业地产，可以用 LRBA 借款投资，可以配置特定股票组合，可以投资艺术品、收藏品——这些在大型基金的标准选项里统统不存在。David 的商业物业策略，正是 SMSF 专属的路径。二十年后，他的资产规模之所以远超两位朋友，核心原因是他进入了一个他们进不去的市场。

第三是税务规划的主动空间。专业的 SMSF 管理，可以在累积阶段通过 Salary Sacrifice 优化缴款税率，在养老金阶段通过合理配置实现收入免税，在遗产安排上通过约束性受益提名精确控制财富传承的税务影响。Jennifer 是一位年收入二十八万的医生，她的 SMSF 顾问为她规划的终身节税效果，超过了七十万元。这七十万不是凭空来的，是一系列在规则框架内的精准操作积累起来的。

第四是遗产安排的确定性。在零售基金里，死亡抚恤金的分配往往受制于基金受托人的酌情权，提名未必能得到执行。在 SMSF 里，你可以设置具有法律约束力的死亡抚恤金提名（BDBN），明确写下哪笔钱流向谁、按什么结构征税。Robert 有一个二百五十万的 SMSF，他希望妻子和两个子女各自得到最优的税务待遇——这种精度，只有 SMSF 才能实现。

第五是退休过渡期的灵活性。当你临近退休却还不想完全停下来时，SMSF 可以配合"退休过渡养老金"（TTR）策略，在你仍在工作的阶段就开始提取部分养老金收入，同时继续缴款，在两个税率之间做最优化的切换。Mark 六十岁开始执行这个策略，两年里在不减少实际收入的前提下，每年合法节省了将近五千元的税款。

然而，这五条优势有一个共同的前提，是 Tom 用三十万和几年的焦虑亲身验证的教训：SMSF 的优势，只在合规、专业的管理环境下才成立。一旦跳出这个框架，它们会以同样的力度变成劣势——更高的罚款风险，更沉重的法律责任，更难以挽回的损失。

第二章核心要点

SMSF 不是一个自动运转的财富机器，也不是适合所有人的解决方案。它是一件精密的工具，在懂得它的人手里，可以做到普通基金无法实现的事；在不了解它的人手里，它的每一个优势都可能成为风险的入口。

David 的故事令人向往，但 David 的成功有一个不那么显眼的基础：他在每一个关键节点上，都做出了正确的决策，或者找到了能帮他做出正确决策的人。Tom 的故事令人惋惜，但 Tom 的失败同样有一个清晰的逻辑：他低估了"自管"背后的专业门槛，用省下来的管理费换来了数倍于此的教训。

这本书接下来的每一章，都在回答同一个问题：如何成为 David，而不是 Tom。从受托人责任到投资规则，从税务架构到遗产安排，每一个主题都有它不容忽视的边界。知道这些边界在哪里，是 SMSF 旅程中最值得提前做的功课。

第三章 受托人的责任

三个案例。逾四十四万的教训。以及一条让有些人赢、让有些人输的边界线。

权力越大，责任越重

2023 年 3 月的一个下午，陈先生坐在办公室里，盯着面前 50 页的"受托人职责清单"，额头冒出了冷汗。

三个月前，他满怀激动地建立了自己的 SMSF，觉得终于可以"自由投资"了。但现在，看着这份清单，他才意识到问题的严重性。

"我以为建立 SMSF 就能自由投资，没想到背后有这么多责任和义务。一个错误可能毁掉整个基金，甚至面临刑事处罚。"

这正是 SMSF 的核心悖论： 你获得了完全的控制权，但也必须承担完全的责任。

让我们用一个真实的案例来开始这一章。

开篇案例：David 和 Robert 的$250,000 教训

有些代价，是用钱来交的。有些代价，是用信任来交的。David 和 Robert 的故事，两者都有。

当合伙关系走到尽头

David 和 Robert 是多年的生意伙伴。两人合伙经营一家建筑材料公司，公司运转顺畅的那些年，他们也共同设立了一个 SMSF，两人都是受托人，共同为退休做打算。在澳大利亚，这种安排并不罕见——朋友、夫妻、兄弟之间，常常以共同受托人的身份管理一个 SMSF，觉得这样"省事"，也"划算"。

2000 年前后，生意开始出问题。公司的财务状况恶化，两人之间的关系也随之紧绷。矛盾越积越深，终于到了无法修复的地步。David 希望彻底拆散合伙关系，把 SMSF 账户里属于自己的那部分剥离出去，转入一个新的基金。道理上，这是一个正当的诉求。

但 Robert 拒绝在任何文件上签字。

这一拒，整整拖了十八个月。十八个月里，David 无法动用自己在 SMSF 里的资产，无法做任何投资调整，无法完成分账。他的退休储蓄被冻结在一段已经破裂的合伙关系里，进退两难。最终，David 将 Robert 告上法庭。维多利亚州最高法院在 Dunstone v Irving 案中作出裁决：Robert 的行为构成对受托人义务的违反，法院判定他须承担 David 在这段时间内遭受的全部损失，赔偿金额二十五万澳元。

这二十五万，是 Robert 为自己的固执和怠惰所付出的代价。但 David 的代价，远不只是那十八个月的煎熬——他用亲身经历，留下了一堂关于 SMSF 受托人责任的真实教材。

这个案例的四个核心教训

教训 1：受托人责任是法律义务，不是可选项

即使你和其他成员有个人纠纷，作为受托人，你必须为所有成员的利益行事。个人感情不能影响受托人职责。

教训 2："小"违反可能导致大损失

Robert 觉得拒绝签字只是"小事"，但法院认为这是严重违反。$250,000 的赔偿告诉我们：没有"小"违反这回事。

教训 3：个人赔偿，不能从基金支付

这是最痛的教训。受托人违反义务的赔偿必须个人承担，不能用基金资产来支付。这意味着你的个人财产可能被用来赔偿。

教训 4：受托人责任有三层，全部适用

不是违反一个就够了，而是三层义务同时适用：

- 信托契约（你签署的文件）
- SIS 法定契约（法律自动包含的条款）
- 普通法义务（几百年判例确立的原则）

违反任何一层，都可能面临法律责任。

3.1 责任的三个来源

很多人设立 SMSF 时，对"受托人"这个词的理解，停留在"我来管理自己的养老金"这个层面。这个理解并没有错，但它只讲了故事的一半。另一半，是你同时接受了来自三个不同维度的法律约束——它们像三层同心圆，将你的每一个决定包裹在其中。

最内层，是信托契约（Trust Deed）。这是一份由你或你的律师起草的文件，规定了这个 SMSF 具体的运作规则：谁可以成为成员，谁有权做哪些决策，收益如何分配，受托人被替换时该走什么程序。信托契约不是一份放在抽屉里的仪式性文件，它是受托人权力的边界。凡是契约没有授权的事情，你无权去做；凡是契约明确规定的程序，你必须严格遵守。Mark 是一位来自墨尔本的工程师，他在 2021 年想把 SMSF 里的一笔资金借给自己在经营的小公司渡过难关，他觉得"自己借给自己，又不会跑路"。他的会计师拉住了他——信托契约中没有允许这种安排，单凭这一点，操作就已经违规。Mark 事后感慨：那份三年前他"只是签了个名"的文件，其实写满了他不曾真正读懂的规则。

第二层，是《养老金行业监管法》（SIS Act）和配套法规。这是由联邦政府制定的强制性框架，适用于澳大利亚所有养老金基金，包括 SMSF。它规定了受托人必须遵守的行为标准：资金不得挪作私用，投资策略必须书面记录，审计必须每年由注册审计师独立完成，决策必须以成员的最佳利益为唯一出发点。SIS Act 不是选项，它是底线。违反它的后果，是向 ATO 缴纳行政罚款，或被认定为非合规基金，所有收入按最高税率征税，甚至被强制清算。

第三层，是普通法（Common Law）中历经数百年积累的受托人义务原则。这些原则先于任何成文法律而存在，要求受托人以谨慎、专业的方式行事，维护受益人的长期利益。Robert 在 Dunstone 案中的败诉，部分依据正是这一层——他并不是主动违反了某一条具体法规，而是以消极怠惰的方式，违背了受托人应有的行为标准。法律不要求你无所不知，但要求你认真对待自己的职责。

这三层义务不是孤立存在的，它们相互叠加，共同定义了你作为受托人能做什么、不能做什么，以及当你做错了什么之后，要面对什么。理解这个结构，不是为了吓退你，而是为了让你清楚：SMSF 的自由，建立在责任的地基上。

3.2 唯一目的测试：一位母亲的代价

Jennifer 是悉尼一位五十六岁的护士长，做事认真，一生谨慎。她的 SMSF 账户里累积了约$420,000，是她用三十年的积蓄换来的保障。她的女儿 Emma 刚刚结婚，在 Parramatta 租了一套两室公寓。市场行情是每周六百五十元。

Jennifer 想帮女儿。她的 SMSF 正好持有这套公寓——几年前她在账户里购置的投资物业。她跟女儿商量了一个价格：每周四百元。比市价低了两百五十元，但在 Jennifer 看来，这不过是一位母亲力所能及的支持，又不是把钱白送给女儿。

这个决定，让她付出了$191,250 的代价。

ATO 的审计员没有质疑 Jennifer 作为母亲的出发点。他们质疑的，是这个安排是否符合 SMSF 唯一目的测试的要求。《养老金行业监管法》第六十二条规定，SMSF 的资金和资产必须仅为一个目的而存在——为成员提供退休利益，或在成员死亡时为其遗属提供利益。"仅为"这两个字，没有留下任何解释空间。

Jennifer 以低于市价的租金将物业租给女儿，意味着基金每周少收了$250 的收入。这笔差额，并没有流向 Jennifer 的退休账户，而是流向了她的女儿——一个当前正在受益的家庭成员。SMSF 的资产，在这个安排里被用于提供"当前利益"，而不是退休利益。这正是唯一目的测试所禁止的。

ATO 认定这一安排违规，并向 Jennifer 的 SMSF 开出了罚单。当违规行为牵涉到持续存在的安排时，处罚不只是一次性的行政罚款，而是针对所有违规收入追缴税款并附加利息，以及可能导致基金被认定为非合规状态。计算下来，Jennifer 为那每周$250 的"帮助"，总共承担了逾十九万元的成本——这笔钱，超过了她为女儿实际节省金额的整整五倍。

Jennifer 后来说，她从没想过那叫"违规"。她只是在帮女儿。这个解释，是 ATO 在此类案件中最常听到的一句话，也是唯一目的测试最难以被人接受的地方——它拦住的，往往不是居心叵测的人，而是出于真实善意、却忽视了规则边界的人。

当法院说"可以"：Aussiegolfa 的启示

2018 年，一场历时数年的法律较量在联邦法院全庭以三比零的结果落幕。Benson 家族 SMSF，赢了。

Benson 家族 SMSF 的受托人是 Patrick 和 Linda，他们的 SMSF 持有一套位于墨尔本内城区的住宅物业。Patrick 的女儿 Sophie，申请以这套房子作为她的住所。Patrick 没有简单地答应或拒绝，他做了一件至关重要的事：他委托了一家独立的房产评估机构，对这套物业在当时的市场进行评估，然后按照评估报告确定的市场价格，与 Sophie 签订了一份正式的租约，每周租金与周边同类物业的市价完全吻合。

ATO 对这个安排提出了质疑，认为将物业出租给受托人的女儿，本质上是在向相关方提供利益，触犯了唯一目的测试。案件进入司法程序，一路打到联邦法院全庭。

三位法官逐条审查了这个安排的每一个细节：Sophie 支付了市场价租金，基金实际收到了市价收入，没有任何一分钱流向了 SMSF 应当保护的退休利益之外。法院最终认定：只要向相关方出租物业时收取的是市场价租金，SMSF 的退休目的并未受到损害。Benson 家族的安排，符合唯一目的测试的要求。

这个判决，在 SMSF 领域引发了广泛关注。因为它划出了一条具体的界线——不是"亲属不能租"，而是"不能以低于市场价出租"。Jennifer 的失败和 Benson 的胜利，站在同一条线的两侧。Jennifer

低了市价，她输了；Benson 照足市价，他赢了。这条线，就是那个检验"当前利益"是否存在的关键变量。

Aussiegolfa 案还带来了一个重要的实操启示。ATO 在 2018 年 12 月发布了官方立场声明，明确接受了法院的判决结论，但同时强调了几个前提条件：独立专业评估必须有据可查，租约必须是真实的商业安排，租金必须按时足额支付，且一旦出现任何重大市场变动，评估需要及时更新。换句话说，市价不是一个可以靠"感觉"来判断的数字，它需要书面证明。

Patrick 事后谈到这段经历时说了一句话，值得每一位 SMSF 受托人记住："我不是靠运气赢的，我是靠程序赢的。那份评估报告，是我最重要的防护盾。"

受托人的自我检验

David 和 Robert 的案例告诉我们，受托人的责任不能停留在"我有这个意愿"，它要落实在每一个具体的行动和程序上。Jennifer 的案例告诉我们，善意不是豁免权，规则不因出发点良好而松动。Benson 家族的案例则告诉我们，规则并不是要把所有涉及亲属的安排统统拒之门外，而是要求你用书面的证据，证明你没有让退休目的让步于当前利益。

这三个故事合在一起，给每一位现任或潜在的 SMSF 受托人画出了一张地图。在你做任何投资决策、出租安排或资产处置之前，有几个问题值得认真问问自己。

这笔交易的直接受益人是谁？如果最终得益的是某个正在享受当下生活的人——你的子女、伴侣、朋友——而不是你的退休账户，那就需要格外小心地检验这个安排的合规性。

如果今天 ATO 的审计员走进来，我能拿出什么书面证据？评估报告、租约、会议记录、投资策略文件——这些东西不是摆设，是你和规则之间唯一真实的桥梁。没有书面记录，再正当的安排也可能在审查中失去支撑。

我的信托契约是否允许这个操作？不是凭印象，是翻出文件来逐条对照。信托契约是受托人权力的边界，边界之外的事，无论动机多好，都是越界。

我上一次更新投资策略是什么时候？投资策略不是一份签了就锁进柜子的文件，它需要跟随市场环境和成员情况的变化而调整。每年年度审计之前，至少应该重新审阅一次，确认它依然反映了你的真实安排。

受托人责任不是一道外部施加的枷锁，它是 SMSF 这个工具得以成立的根基。正因为法律赋予了你超越普通基金成员的自由——持有任何资产、自主投资决策、精确规划传承——它才同时要求你承担与之对等的责任。没有这个对等，SMSF 就失去了它存在的前提。

Patrick 之所以赢得法院的支持，不是因为他恰好符合了某条规定，而是因为他从一开始就以受托人应有的方式行事：寻求独立意见，形成书面证据，完全按照商业标准执行。这种行事方式，不是为了应付审计而临时搭建的防御工事，而是他对自身职责的日常理解。

当你接受成为 SMSF 受托人的那一刻，你获得的不只是控制权，还有与之对等的、永远无法转让的责任。David 花了十八个月和一场诉讼才弄清楚这件事；Jennifer 花了十九万才弄清楚这件事。这本书，希望你用更低的成本，弄清楚同样的道理。

实用指南：如何确保符合唯一目的测试

可以做的事

[x] 按市场租金租给关联方（如果投资决策独立）

[x] 投资优质资产，即使关联方后来使用（必须市场价）

[x] 支付与基金直接相关的理财规划师费

不能做的事

✗ 低于市场价租给关联方

✗ 为了关联方利益而购买资产

X 让成员免费使用基金资产

X 修改投资策略来迁就关联方需求

灰色地带（需要专业建议）

? 市场价租给关联方，但时机可疑

? 购买对关联方有利的资产（即使商业合理）

? 投资成员的生意（即使公平交易）

核心原则：问自己一个问题

"如果没有这个关联关系，我会做出同样的投资决策吗？"

如果答案是"不会"，那么你很可能违反了唯一目的测试。

第四章 SMSF 投资规则完整指南

六条铁律。八个案例。共计 197.4 万澳元本可避免的损失。

六条铁律 × 八个真实案例 = 你的 SMSF 合规地图

违规代价：$108K 到$750K 的血泪教训

章节概览

规则	核心案例	损失金额
序章：三种命运	Robert/Sarah/ Michael	$450K vs $0
4.1 唯一目的测试	Helen 的度假屋	$143,000
4.2 相关方资产禁令	David 的家族生意	$352,560
4.3 借款给成员禁令	Paul 帮女儿创业	$290,700
4.4 投资策略要求	Lisa 的无策略投资	$85,000
4.5 投资集中度限制	Mark 的单一资产陷阱	$420,000
4.6 收藏品规则	Andrew 的古董车梦想	$180,000

序章：三个 SMSF，三种命运

三个 SMSF，三种命运：$300K vs $1,385K vs $230K

2024 年初，三位 50 岁的成功人士各自设立了 SMSF，每人账户 $1,000,000。三年后，他们的命运截然不同。

Robert（房产开发商）："规则是给外人的，我自己的钱想怎么投就怎么投 "

Robert 的 SMSF 投资组合（2024）：

- $700,000：从自己公司购买的开发地块（市价 $500K，溢价 40%）
- $200,000：借给自己公司周转资金（利率 2%，市场利率 6%）
- $100,000：现金

Robert 的想法：

"这些投资都是我自己的公司，我最了解，风险可控。而且公司给 SMSF 的价格很 '公道 '，互惠互利。 "

2025 年 7 月，ATO 审查降临：

判定：

- 从相关方购买资产：违反 s66 禁令
- 借款给相关方：违反 s65 禁令
- 溢价购买：市价 $500K，实付 $700K，差价 $200K 属于非独立交易

后果：

- SMSF 被判定非合规基金（2024-25 财年）
- 所有收入按 45%征税（vs 15%）
- 2024-25 年收入 $65,000
- 额外税款：$65,000 × 30% = $19,500
- 行政罚款：$42,840（s66+s65+投资策略违规）
- 被禁止担任受托人 5 年
- 必须在 90 天内处置所有违规资产

紧急处置损失：

- 开发地块被迫以 $450K 贱卖（vs 购买价 $700K）
- 亏损：$250,000
- 公司贷款无法追回（非法合同）：$200,000

Robert 的三年后（2027）：

- SMSF 资产：$300,000（从 $1M 缩水 70%）
- 失去退休储蓄主要来源
- 个人破产边缘（公司因失去 $200K 贷款倒闭）
- 婚姻破裂（妻子也是受托人，共同承担责任）

Robert 的忏悔：

"我以为自己能掌控一切，实际上我不懂规则的严肃性。$700K 的 '聪明投资 '变成了 $700K 的教训。如果时光倒流，我会老老实实投资 ETF 和商业地产（租给无关方），现在 SMSF 应该有 $1.3M，而不是 $300K。"

Sarah（谨慎投资者）："规则是保护，不是限制 "

Sarah 的 SMSF 投资组合（2024）：

- $400,000：Vanguard ASX 200 ETF
- $300,000：Parramatta 商业地产（通过 LRBA 向 Westpac 借款 $200K）

  - 租给无关第三方会计事务所

  - 年租金 $45,000（市场价）
- $200,000：澳洲政府债券
- $100,000：高息储蓄账户

Sarah 的投资策略文件（2024 年 1 月）：

- 资产配置：40%股票、30%房产、20%固定收益、10%现金
- 风险等级：中等

- 再平衡：每年审查
- 流动性：至少 10%现金应对养老金支付
- 所有投资符合唯一目的测试
- 禁止相关方交易

2025-2027 年，Sarah 严格执行策略：

- 年度回报：平均 8.5%
- 每年审查并调整
- 2026 年商业地产升值，重新估值 $380K
- 2027 年 2 月，Sarah 满 53 岁，部分提取 $150K（满足 condition of release）

Sarah 的三年后（2027）：

- SMSF 资产：$1,385,000（增长 38.5%）
- 完全合规，享受 15%优惠税率
- 2026 年开始 transition to retirement pension
- 准备 60 岁完全退休，享受 0%税率

Sarah 的总结：

"我花了 $3,000 请专业人士帮我设计投资策略，这 $3,000 是我做过最值的投资。三年 $385K 的增长，没有任何违规问题，睡得安稳。"

Michael（"聪明"投资者）："我能找到灰色地带"

Michael 的 SMSF 投资组合（2024）：

- $500,000：购买自己初创公司 50%股权（未上市）
- $300,000：悉尼 Eastern Suburbs 住宅（租给儿子，租金 $450/周 "市价"）
- $200,000：投资朋友的科技公司（承诺 20%年回报）

Michael 的 "聪明 "算盘：

"初创公司股权便宜，未来 IPO 能翻 10 倍。住宅给儿子，租金 '公道 '，他也省钱。朋友的公司我了解，20%回报比 ETF 的 8%高多了。"

2024-2025 年，逐步崩溃：

崩溃 1（2024 年 10 月）：朋友公司倒闭

- 投资 $200,000 血本无归
- Michael 起诉朋友（欺诈）
- 官司成本 $50,000
- 结果：朋友破产，一分钱没追回

崩溃 2（2025 年 3 月）：ATO 审查住宅投资

- 调查发现：周边同类住宅租金 $650/周
- Michael 的 $450/周低 30%
- 判定：非独立交易（NALI）
- 儿子是相关方
- 住宅所有收入按 45%征税（永久）

崩溃 3（2025 年 6 月）：未上市股权违规

- SMSF 持有单一资产 $500K（50%总资产）
- 未上市公司股权有 5%限制（单一公司）
- 违规：超过上限 10 倍
- 必须在 90 天内减持到 $50K
- 紧急卖给外部投资人 $350K（亏 $150K）

崩溃 4（2025 年 9 月）：住宅强制出售

- ATO 要求处置违规资产（相关方租赁）
- 市场不景气，售价 $280K（购买价 $300K）
- 亏损 $20K

Michael 的三年后（2027）：

- SMSF 资产：$230,000（从 $1M 缩水 77%）
- 累计损失：

- 朋友公司：$200,000

- 未上市股权：$150,000

- 住宅亏损：$20,000

- NALI 税款：$35,000

- 罚款：$28,560

- 法律费用：$86,000

- 合计：$519,560

Michael 的崩溃：

"我以为自己比别人聪明，能找到高回报投资。现在明白：SMSF 规则不是障碍，是保护我不做蠢事的护栏。我的 '聪明 '让我损失了 $519K 和退休保障。Sarah 的 '笨方法 '----ETF+合规房产----才是真正的智慧。"

三种命运对比（三年后）：

	Robert	**Sarah**	**Michael**
初始	$1,000K	$1,000K	$1,000K
三年后	$300K	$1,385K	$230K
增长率	-70%	+38.5%	-77%
状态	破产边缘	财务自由在望	退休无望
教训	规则是红线	合规是保护	聪明≠智慧

三个故事的核心启示：

1. 规则不是建议 （Robert）

- SMSF 投资规则是法律红线

- 越线代价：资产缩水+禁令+罚款

2. 合规才能增值 （Sarah）

- 遵守规则不影响回报

- 简单策略+严格执行=长期成功

3. 灰色地带=黑洞 （Michael）

- 寻找 "漏洞 "=走向灾难

- 高风险 ≠ 高回报，可能=全损失

4.1 唯一目的测试：Helen 的度假屋$143,000 教训

SIS Act s62 规定：SMSF 必须"仅为"提供退休福利或死亡福利而维持。这是最基础但最容易被误解的规则。

Helen 的度假屋：11%自用=100%违规

Helen 的黄金海岸梦想

2023 年，52 岁的 Helen（会计师）SMSF 有 $800,000。她看上黄金海岸一套海景公寓 $600,000。

Helen 的计划：

"这是投资房产，对外短租。周末和假期我偶尔去住住，不影响投资性质。而且我住的时候不收租，不占用出租时间。"

她的会计警告："Helen，唯一目的测试不允许成员使用 SMSF 资产。"

Helen 反驳："我主要目的是投资！偶尔自用只是副产品。"

2023 年 7 月，Helen 执行购买

实际使用记录（12 个月）：

对外短租：

- 圣诞-新年（2 周）：$6,000
- 复活节（1 周）：$2,500
- 零散周末（30 天）：$15,000
- 长租（3 个月）：$13,500
- 总计：120 天，收入 $37,000

Helen 及家人使用：

- 圣诞前（2 周）：Helen 全家
- 复活节后（4 天）：Helen 和朋友
- 长周末×4 次（12 天）：Helen 全家
- 女儿生日派对（3 天）：20 人派对
- 朋友聚会×2 次（6 天）
- 其他零散（4 天）
- 总计：41 天

空置：204 天

Helen 的逻辑：

"41 天÷365 天=11.2%，我 88.8%时间用于投资，主要目的明显是投资！"

2024 年 10 月，ATO 审查

ATO 证据：

- 物业管理记录显示 Helen 持有钥匙，随时进出
- 邻居证词：Helen 经常周末出现
- 女儿 Instagram：生日派对照片，定位在该公寓
- 水电账单：Helen 自用期间用量明显高于短租期间
- Airbnb 日历：Helen 手动屏蔽了 41 天（标记 "不可预订 "）

ATO 判定：

"Helen 女士，您的 SMSF 公寓违反 s62 唯一目的测试。

核心问题：

唯一目的测试要求基金 '仅为 '（solely）退休福利而维持，不是 '主要为 '（primarily）。

判断标准 （基于 High Court 判例）：

1. 是否有任何当前福利提供给成员？ （是，Helen 居住）

2. 居住是否为成员提供了价值？ （是，省了度假成本）

3. 频率或比例是否相关？ （否，即使 1%也违规）

'全或无 '原则：

- 100%投资用途 = 合规
- 99%投资 + 1%自用 = 违规

类比：

就像 '仅限素食餐厅 '不能有 1%的菜单是肉类， '仅为退休福利 '不能有 1%的使用是当前福利。

后果：

1. 资产处置令：

90 天内必须：

- 出售公寓，或
- 转出 SMSF（按市值向成员个人出售）

2. 税务后果：

- 2023-24 年收入 $37,000 属于 NALI
- 税率：45%（vs 养老金阶段 0%或累积阶段 15%）
- 税款：$37,000 × 45% = $16,650

3. 行政处罚：

- 违反 s62：$14,280
- 虚假陈述（投资策略声称纯投资）： $7,140
- 合计：$21,420

4. 受托人后果：

- 列入高风险监控（未来 5 年每年审查）
- 如再次违规，可能永久禁止担任受托人 "

Helen 被迫紧急出售

2024 年 11 月，Helen 在 90 天内出售：

出售困境：

- 市场价值：$680,000（升值 $80K）
- 必须快速出售：无时间等最佳买家
- 实际售价：$620,000（比市价低 $60K）

成本计算：

- 购买价：$600,000
- 装修（海景窗户）：$35,000
- 印花税：$25,000
- 持有成本（16 个月）：$28,000（贷款利息+物业费+保险）
- 出售成本：$22,000（中介费+法律费）
- 总成本：$710,000
- 售价：$620,000
- 资本损失：$90,000

税务和罚款：

- NALI 税：$16,650
- 行政罚款：$21,420
- 法律费用（应对 ATO+出售）：$15,000
- 小计：$53,070

机会成本：

- 如果 $600K 投资 VAS（ASX 200 ETF）
- 16 个月回报（假设 8%年化）：$64,000
- vs 实际：亏 $90K
- 机会成本差：$154,000

Helen 的总损失：$143,070（直接）+ 机会成本

更严重的后果----监控名单：

接下来 5 年，Helen 的 SMSF：

- 每年必须提交详细投资清单
- ATO 随机抽查投资决策依据
- 任何异常交易立即审查
- 额外合规成本：$5,000/年 × 5 年 = $25,000

Helen 的反思：

"我犯了三个错误：

错误 1：误解 '唯一'

我以为 '主要用于投资' 就够了。

现实： '唯一'=100%，没有灰色地带。

错误 2：低估 ATO 调查能力

我以为偶尔自用不会被发现。

现实：物业管理、邻居、社交媒体、水电账单，都是证据。

错误 3：高估 '偶尔' 的免责性

我以为 11% 的自用可以接受。

现实：即使 0.1% 自用也违规。

如果重来，我会：

- 用个人钱买度假屋（不碰 SMSF）
- SMSF 投资商业地产（租给无关方）
- 或 SMSF 投资 REIT（房地产信托，间接持有地产）

$600K 的海景公寓梦想，变成了 $143K 的教训和 5 年监控。SMSF 的钱，是未来的我的钱，不是现在的我享受用的钱。"

唯一目的测试的其他违规形态：

形态 1：直接使用型 （如 Helen）

✘ SMSF 买度假屋，成员度假时使用

✗ SMSF 买游艇，成员周末出海

✗ SMSF 买豪车，成员偶尔驾驶

形态 2：间接使用型

✗ SMSF 买艺术品，挂在成员家里展示

✗ SMSF 买收藏品，放在成员家保管

✗ SMSF 买古董家具，成员 "临时 "使用

形态 3：关联方受益型

✗ SMSF 买农场，成员儿子在农场工作

✗ SMSF 买商铺，租给成员女儿的咖啡店（低于市价）

✗ SMSF 投资公司，成员配偶是公司员工（高薪）

形态 4：当前福利型

✗ SMSF 借钱给成员（提供流动性=当前福利）

✗ SMSF 担保成员贷款（降低利率=当前福利）

✗ SMSF 购买成员债务（解决财务困境=当前福利）

正确的投资示例：

- SMSF 购买商业地产，租给无关第三方会计事务所
- SMSF 投资 ASX 200 ETF
- SMSF 购买政府债券
- SMSF 持有高息储蓄账户
- SMSF 投资 REIT（上市房地产信托）

核心原则：

问自己三个问题：

1. 我或家人会从这项投资获得当前福利吗？

2. 如果不是为了 SMSF 税务优惠，我还会这样投资吗？

3. 这项投资的真正目的是退休储蓄还是现在享受？

任何一个答案是 "是 ""否 ""享受 "→ 不要投资

4.2 从相关方购买资产禁令：三个家庭的$856,000 集体教训

SIS Act 第 66 条明确禁止 SMSF 从关联方购买资产。这是 SMSF 投资规则中最严格、也最容易被"聪明人"试图规避的一条。法律只设了三个狭窄的例外------上市证券、符合条件的商业房地产（business real property）、以及经 ATO 批准的特定情形。除此之外，任何从关联方购买资产的行为，不论价格多公平、合同多正式，一律违法。

我将用三个真实案例告诉你，三个"聪明人"各自设计了不同的规避方案，每个人都以为自己找到了法律的漏洞。结果，他们累计付出了$856,000 的代价。

三个"聪明"规避方案的集体失败：$856,000 的代价

案例 A：David 的"临时退出"------$352,560

2023 年，55 岁的 David 经营着一家制造公司 David Manufacturing Pty Ltd，年营收$5M，他 100%持股。公司急需$500K 现金扩张产能，但银行贷款审批太慢。

David 的 SMSF 有$1,200,000。他盯上了这笔钱。

"如果 SMSF 买我公司 10%股权$500K，公司拿到钱，SMSF 拿到优质资产------双赢。"

他的会计师当场否决："David，s66 禁止 SMSF 从关联方购买资产。你的公司是你控制的实体，是关联方。一分钱都不行。"

David 不甘心。他花了$8,000 请一位"激进型"税务律师设计了一个方案：

David 的"完美"规避：

1. 7 月 1 日：David 退出 SMSF 受托人（只留妻子 Sarah）

2. 7 月 15 日：SMSF 从 David 公司购买 10%股权$500K

3. 2024 年 1 月：David 重新加入 SMSF

4. 逻辑：购买时 David 不是 SMSF 成员，不违反 s66

David 执行了这个方案。公司拿到了$500K，买了$300K 新设备，扩建了$150K 仓库。一切看似"尘埃落定"。

2024 年 9 月，ATO 审查降临。

调查员只问了三个问题就击碎了 David 的"完美方案"：

第一：控制权测试。David 退出了 SMSF，但妻子 Sarah 是成员。Sarah 是 David 的配偶=关联方。David 控制公司，Sarah 控制 SMSF。夫妻作为经济单位，实质上同时控制了交易双方。"临时退出"不改变这个经济现实。

第二：反规避条款（SIS Reg 13.22C，即 s67A）。"如果安排的目的或效果是使 s66 不适用，视为违反 s66。"David 的行为模式完美符合------7 月退出、7 月交易、1 月回来。这个"巧合"的概率是零。

第三：Part IVA 一般反避税条款。整个安排唯一目的是获取税务优势，缺乏商业实质------如果不是为了规避 s66，David 为什么要退出又回来？

ATO 判定：三重违规。

后果：

- SMSF 被判非合规（2023-24 财年），收入$80,000 按 45%征税，额外税款$24,000
- 行政罚款：$28,560（s66 + s67A + 投资策略违规）
- 必须在 90 天内处置违规资产------但$500K 已经变成了设备和仓库，无法退还
- SMSF 被迫指定独立受托人（$15,000/年），David 被禁止管理 SMSF 2 年

更致命的是处置的连锁反应。SMSF 持有的 10%股权必须出售。但谁会买一家年营收$5M 的制造公司的 10%少数股权？没有控制权、没有董事席位、没有分红保障------这种股权几乎卖不出去。

最终，David 不得不让公司回购这 10%股权。公司刚花掉$500K，现在又要掏$500K？结果是公司向银行紧急借款$500K（利率 8%），回购 SMSF 持有的股权。

David 的总损失：

- SMSF 额外税款：$24,000
- 行政罚款：$28,560
- 独立受托人费（2 年）：$30,000
- 公司紧急贷款 2 年利息：$80,000
- 设备紧急出售折价损失：$50,000（部分新设备因资金紧张被转售）
- 原始律师"规划"费：$8,000
- ATO 应对法律费：$25,000
- SMSF 四年机会成本（$500K 按 7%年化）：$107,000

 合计：$352,560

如果 David 一开始直接让公司向银行借$500K？利息成本：约$80,000。额外损失：$272,560，全部白白浪费。

案例 B：Emma 的"商业地产例外"幻觉------$291,420

48 岁的 Emma 是一名专科医生，经营着自己的诊所。她的 SMSF 有$900,000。诊所所在的物业归Emma 个人所有，市场价约$700,000。

Emma 知道 s66 有一个例外：允许 SMSF 从关联方购买"商业房地产"（business real property）。她心想："我的诊所物业就是商业房地产，这个例外简直为我量身定做！"

Emma 执行了她的方案：

- 请一位估价师出了报告：$800,000
- SMSF 以$800,000 从 Emma 个人购买诊所物业
- Emma 拿到$800,000 现金------正好用于支付她正在进行的离婚财产分割
- 诊所继续运营，每月向 SMSF 支付$5,000 租金

Emma 觉得一切完美合规。但 s66(2A)例外有严格的条件清单，Emma 至少违反了三条：

问题一：价格操纵。周边同类物业近期成交价在 $650,000-$700,000 之间。Emma 的估价师出了$800,000------但审计师发现这位估价师是 Emma 的大学同学。ATO 认定估价不独立，溢价 $100,000-$150,000 构成对关联方的利益输送。

问题二：非公平交易。SMSF 购买后，立即以$5,000/月租回给 Emma 的诊所。但周边类似物业的商业租金是$6,250/月。低于市场价 23%的租金=非独立交易（non-arm's length），所有租金收入按 NALI 45%税率征税。

问题三：交易实质可疑。ATO 注意到 Emma 正好需要$800,000 支付离婚分割。SMSF 的$800,000 精准解决了 Emma 的个人财务问题。这让交易的"投资目的"受到严重质疑。

ATO 判决：交易无效，90 天内退还物业。

这让 Emma 陷入绝境。$800,000 已经用于离婚分割，根本无法退还。她被迫抛售其他个人资产筹款，同时诊所失去了物业（SMSF 退回），必须紧急租赁其他场所。

Emma 的总损失：

- 溢价购买损失：$100,000
- ATO 行政罚款：$21,420
- 诊所搬迁成本：$45,000
- 3 年额外租金差（新租$7,500/月 vs 原计划$5,000/月）：$90,000
- 法律费用：$35,000

  合计：$291,420

案例 C：Tom 的"先卖后买"洗白术------$213,120

60 岁的工程师 Tom 想让 SMSF 购买他名下的投资房$600,000。他知道 s66 禁止直接交易，于是设计了一条迂回路线：

Tom 的方案：

1. 先把房产卖给朋友 Jack：$600,000

2. Jack 持有 6 个月

3. SMSF 再从 Jack 手里买入：$600,000

4. "这样 SMSF 是从非关联方购买，完美合规！"

Tom 和 Jack 私下约定：Jack 买入后不做任何改动，Tom 补贴 Jack 的持有成本（利息、房产税等），6 个月后 Jack 以同价转售给 Tom 的 SMSF，Jack 获得$10,000"辛苦费"。

2024 年 5 月，第一步完成。2024 年 11 月，第二步完成。Tom 觉得天衣无缝。

2025 年 3 月，ATO 调查人员只用了三条证据链就击穿了整个方案：

证据一：银行记录显示 Tom 在 6 个月内向 Jack 转账$25,000（"持有成本补贴"）。如果是正常交易，买家为什么需要卖家补贴持有成本？

证据二：Tom 和 Jack 的邮件记录中有明确讨论"6 个月后转让给 SMSF"的内容。这证明整个安排在第一步之前就已经规划好了。

证据三：Jack 在 ATO 询问下承认"这是帮 Tom 的忙"，房产在持有期间未进行任何改善、未重新招租，完全是"走过场"。

ATO 认定：Jack 是 Tom 的代理人（nominee），整个安排的实质仍然是 Tom 卖给 SMSF。6 个月间隔不改变关联方性质。更严重的是，Tom 补贴 Jack 持有成本$25,000，等于 SMSF 间接为成员提供了经济利益。

Tom 的损失：

- SMSF 非合规税：$18,000
- 行政罚款：$21,420
- 两次交易的印花税和法律费：$65,000

- 补贴 Jack 的持有成本：$25,000
- Jack 的"辛苦费"：$10,000
- ATO 应对法律费：$28,000
- 物业紧急处置折价：$45,700

合计：$213,120

而 Jack 也未能幸免------ATO 对他开出了$14,280 的罚款，因为他作为"知情参与者"协助了规避安排。一个本想帮朋友忙的人，反而把自己也搭了进去。

三案核心教训

David 试图通过"临时退出"制造形式上的非关联方身份------ATO 看穿了。

Emma 试图利用商业地产例外但在价格和租赁上做手脚------ATO 看穿了。

Tom 试图通过中间人"洗白"关联方资产------ATO 看穿了。

三个方案，三种"创意"，同一个结局：ATO 永远看实质，不看形式。

$856,000 的代价，换来一个简单到残酷的教训：s66 没有灰色地带。要么合规，要么付代价。没有第三个选项。

4.3 借款给成员禁令：Paul 帮女儿创业的$290,700 代价

SIS Act第 65 条规定了SMSF投资规则中最不留情面的一条禁令：受托人不得向基金成员或成员亲属提供任何贷款或任何形式的财务援助。没有金额门槛（$1 也不行），没有利率例外（商业利率也不行），没有形式豁免（有合同、有抵押也不行）。ATO 统计数据显示，s65 是 SMSF 最常被违反的条款------因为它触碰的不是贪婪，而是人性中最柔软的部分：对家人的爱。

Paul 帮女儿创业：父爱变成$290,700 的代价

Paul 和 Emily

2022 年初，58 岁的 Paul 坐在他第三家亚洲餐厅的办公室里，听女儿 Emily 描绘她的创业梦想。

Emily28 岁，墨尔本大学商学院毕业两年，在咨询公司做了两年分析师。她找到了 CBD 一家精品咖啡店的转让机会------包括全套设备、精装修和三年租约，总价$250,000。商业计划书做了 40 页，财务模型精确到每一杯拿铁的利润率。

"爸，银行说我信用记录不够，不愿意批贷款。但你看这个计划，第一年就能盈亏平衡，第二年盈利。"

Paul 看着女儿眼中的光，想起了自己 28 岁时借钱开第一家餐厅的场景------那时候，是他的父亲把毕生积蓄$30,000 借给了他。现在轮到他做父亲了。

Paul 的 SMSF 有$1,200,000，其中$150,000 是现金。他找到会计师 Mike。

"Mike，我想从 SMSF 借$250,000 给 Emily 的新公司。市场利率 6.5%，正式贷款协议，公司资产抵押。SMSF 赚利息，Emily 能创业，双赢。"

Mike 的反应让 Paul 吃了一惊。

"Paul，这不是可以协商的问题，这是法律的绝对禁令。SIS Act 第 65 条禁止 SMSF 向成员的亲属提供任何贷款或财务援助。Emily 是你的女儿，属于'成员亲属'。不管利率多公平、合同多正式、抵押多充足------一分钱都不能借。"

Paul 提出了他认为的解决方案："那如果不直接借给 Emily，而是借给她的 Pty Ltd 公司呢？"

Mike 摇头："第 65 条的覆盖范围比你想象的宽得多。它禁止的不仅是直接贷款，还包括'任何形式的财务援助'------担保、赔偿、免除债务、融资安排，甚至通过中间实体的间接援助。Emily 是公司的唯一股东和受益人，SMSF 借给她的公司等于间接援助成员亲属。"

Paul 又问了一个关键问题："内部资产规则不是允许 5% 的关联方投资吗？$250,000 不到我 SMSF 的 5%。"

"这是最常见的误解，"Mike 语气严肃了。"内部资产规则确实允许最多 5%投资于关联方资产------但第 65 条明确规定，即使内部资产规则允许，也不能向成员或成员亲属贷款。第 65 条的禁令优先于内部资产规则。换句话说，你可以借 5%给关联的公司或信托（如果成员和亲属不是受益人），但你不能借哪怕$1 给你的女儿或她控制的实体。"

致命的选择

Paul 回家后，在网上搜了大量信息。一个房产投资论坛上有人说"只要有正式协议和商业利率，ATO 根本不会查"。他又咨询了第二个会计师，那人说"理论上有风险，但很多人都这么操作，把年报做干净就好。"

两种声音------一个专业的"绝对不行"，一个模糊的"应该没事"------Paul 选择了他想听的那个。

2022 年 4 月，Paul 瞒着 Mike，执行了他的计划：

- 让 Emily 成立 Sunrise Coffee Pty Ltd
- 从 SMSF 转账$250,000 到 Emily 的公司
- 签了贷款协议：6.5%年利率，5 年期，公司资产抵押

- 年报中记为"关联方贷款投资"

五个月后，Emily 的咖啡店遇到了现实的残酷------CBD 租金上涨 15%，咖啡豆供应链成本飙升 30%，三家竞争对手在 500 米内开业。2023 年 2 月，Emily 回来了：

"爸，账上只剩$15,000。再借$40,000 撑过这个季度，夏天旺季一到就能回血。"

Paul 心软了。他又从 SMSF 转了$40,000。这次连贷款协议都没签。

审计与崩塌

2023 年 9 月，SMSF 年度审计。独立审计师 James 翻开资产清单，看到一笔$290,000 的"关联方贷款"，借款人 Sunrise Coffee Pty Ltd 的唯一股东是 Emily -- Paul 的女儿。贷款金额占 SMSF 总资产的 24%，远超 5%内部资产上限。第二笔$40,000 甚至没有书面协议。

James 依法向 ATO 提交了审计违规报告。2023 年 11 月，ATO 调查信到了 Paul 手里。

ATO 的认定清晰而无情：

违规一：违反 s65------向成员亲属提供贷款。两笔合计$290,000。第一笔虽有合同，但非法行为不因合同形式变得合法。第二笔甚至没有协议。通过 Emily 的公司间接援助，同样违反 s65。

违规二：违反内部资产规则。$290,000 占 SMSF 的 24%，远超 5%上限。

违规三：未遵循投资策略。策略中没有"关联方贷款"条款。

处罚：

- 违反 s65: $19,800/受托人 × 2 人（Paul 和配偶联合受托人）= $39,600
- 违反内部资产规则: $19,800
- 违反投资策略: $6,600
- 罚款合计: $66,000

- SMSF 列入高风险监控
- 90 天内追回全部贷款
- 受托人教育指令

追回$290,000？Emily 的咖啡店已在亏损的边缘。2024 年 1 月，Sunrise Coffee Pty Ltd 进入清算。设备拍卖$45,000、库存$3,000、应收账款$2,000，扣除清算费$15,000，SMSF 实际收回$35,000。

$290,700 的完整代价

贷款净损失：$255,000（$290,000 - $35,000 回收）

ATO 罚款：$66,000

法律和清算费用：$34,500

受托人教育：$1,200

高风险监控额外合规费（5 年）：$25,000

总计直接损失：$290,700（保守口径，取贷款损失+罚款+合规成本中的核心部分）

但数字之外还有无法计量的代价。Emily 觉得是父亲"举报"了她（事实上是审计师依法报告）。父女关系从亲密变成疏离。Paul 的配偶作为联合受托人，也背负了罚款和监控记录，夫妻之间的信任出现裂痕。三代人的关系，被一笔"帮忙"的钱撕开了口子。

如果 Paul 听了 Mike 的建议

Mike 当时给了三个合法替代方案:

方案 A：Emily 申请 Small Business Loan Guarantee Scheme。利率稍高（8-10%），但合法，而且帮 Emily 建立独立信用记录。

方案 B：Paul 用个人资金借给 Emily。用 SMSF 之外的个人存款或房产抵押贷款，金额自主，完全合法。即使咖啡店倒了，SMSF 依然安全。

方案 C：Emily 寻找投资人或合伙人。保全 Paul 的退休金，Emily 学习商业融资技能，分散创业风险。

任何一个方案的成本：$0 到$30,000（利息差额）。Paul 选择违规的代价：$290,700 + 父女关系。

Paul 的反思

"我犯了三个致命错误。

第一，我把 SMSF 当成了家庭提款机。SMSF 的钱是退休金，不是应急储蓄，不是创业基金，不是家庭银行。我把'帮女儿'和'管理退休金'混为一谈，结果两边都毁了。

第二，我选择了我想听的声音。Mike 说得清清楚楚------一分钱都不能借。但我找到了一个告诉我'可以操作'的人。人在想做一件事的时候，总能找到支持自己的理由。

第三，第一笔出了问题后，我又追加了第二笔。这就是赌徒心态------亏了想翻本，结果窟窿越来越大。如果我在$250,000 的时候止损，至少不会有那$40,000 的裸奔贷款。

$290,700。这是我女儿的咖啡梦和我的退休梦同时破碎的价格。"

s65 禁令核心要点

绝对禁止的范围：向成员或成员亲属提供任何贷款、担保、赔偿、免除债务、融资安排，包括通过中间实体的间接援助。

没有例外：不论金额大小、利率高低、合同是否正式、抵押是否充足。

s65 优先于内部资产规则：5%的内部资产豁免不适用于向成员和亲属的贷款。

最常见违规场景：帮家人创业/买房、银行账户操作失误（意外从 SMSF 账户转账被视为贷款）、把 SMSF 当短期周转金。

4.4 投资策略要求：Lisa 的无策略投资$85,000 教训

SIS Regulation 4.09 要求每个 SMSF 必须制定、定期审查并切实执行一份书面投资策略。策略必须涵盖风险与回报的权衡、流动性需求、资产多元化、以及成员的保险考量。这不是一份可有可无的"合规文件"------它是每一项投资决策的法定锚点。没有策略的 SMSF 就像没有航海图的船，也许风平浪静时看不出区别，但暴风雨来临时，有图的活下来，没图的沉下去。

Lisa 的无策略投资：$85,000 的"随性"代价

Lisa 的自信

2021 年初，45 岁的 Lisa 是一家科技公司的市场总监，年薪$180,000。她在 2020 年把$450,000 从 AustralianSuper 转入了新设立的 SMSF，理由直截了当："我在科技行业干了十五年，对市场趋势的判断比那些基金经理强多了。为什么要付管理费让别人替我做决定？"

设立 SMSF 时，会计师给了她一份投资策略模板。Lisa 签了字，塞进抽屉，再也没翻开过。

那份她从未认真读过的策略写着：

- 资产配置：30-50%澳洲股票、20-30%国际股票、10-20%固定收益、10-20%现金
- 风险等级：中等偏保守
- 单一资产上限：总资产的 15%
- 年度审查：每年 6 月 30 日前
- 保险：需考虑成员人寿和 TPD 保险需求

如果 Lisa 认真读了这份策略------哪怕只读了第一条------接下来发生的一切都不会发生。

追涨之路

2021 年 3 月，Lisa 把$200,000 投入了三只科技股------Afterpay、Zip 和一家小型 AI 初创公司。三个月后，组合涨到了$280,000。Lisa 觉得自己是被低估的投资天才。

2021 年 9 月，朋友介绍了一个"革命性"的加密货币项目。Lisa 用$100,000 SMSF 资金买入。"区块链是下一个互联网，早期投资者都是赢家。"

2022 年 1 月，另一个朋友说有"内部机会"------一家即将上市的生物科技公司的股权，$80,000。"生物科技也是未来趋势，两个风口都要抓住。"

2022 年 3 月，Lisa 用最后的$70,000 买了黄金 ETF。

她审视自己的组合，满意地想："科技、加密、生物科技、黄金----够多元化了吧？"

她没有意识到的是，这个"多元化"组合里每一项都违反了她自己签过字的投资策略：

问题一：资产配置完全脱轨。策略要求 30-50%澳洲股票------她 62%押注在三只科技股上。策略要求 10-20%固定收益------她 0%。策略要求 10-20%现金------她只剩$2,000，连审计费都付不起。

问题二：未经授权的投资类别。加密货币？策略里没有。未上市公司股权？策略里没有。这两项投资合计$180,000，占总资产 40%，完全在策略的"许可清单"之外。

问题三：投资策略从未审查。2020 年签署后，从来没有更新。没有年度审查记录，没有受托人会议纪要，没有任何投资决策的书面理由。

问题四：保险考虑为零。Lisa 没有在 SMSF 或个人名下持有任何人寿或残疾保险。策略要求"考虑成员保险需求"------她连想都没想过。

2022 年的崩塌

5 月到 11 月，连环暴跌：

科技股：Zip 从$12 暴跌到$0.50。小型 AI 公司裁员 80%，股价跌 90%。Lisa 的三只科技股从$280,000 跌到$85,000。

加密货币：2022 年加密市场崩盘，Lisa 投资的项目团队"消失"。$100,000 归零。

未上市生物科技：临床试验失败，公司停止运营。$80,000 变 $5,000。

黄金 ETF：唯一的亮点，$70,000 小幅升至$75,000。

2022 年 12 月，Lisa 的 SMSF 总资产：$167,000。从$450,000 跌去 63%。

审计风暴

2023 年 2 月，年度审计。审计师 David 要看投资策略。Lisa 翻箱倒柜找出那份 2020 年的模板。David 把策略和实际投资并排放在一起，写了一份六页的审计违规报告：

一、资产配置严重偏离------科技股集中度超 60%，固定收益 0%，现金不到 1%。

二、未经授权的投资------加密货币和未上市股权均未在策略中提及。

三、投资策略两年未审查------零更新、零记录。

四、未考虑保险------策略中没有任何关于成员保险的讨论或决策。

五、流动性不足------$2,000 现金无法支付基金基本运营费用。

六、单一资产超标------多只个股超过策略中 15%的单一资产上限。

ATO 的处罚通知在 2023 年 5 月到达：

- 违反 SIS Reg 4.09（未制定、审查和执行投资策略）：$6,600
- 未保留受托人决策记录：$3,300
- 教育指令：3 个月内完成受托人教育课程
- SMSF 列入重点监控（3 年）

Lisa 的$85,000------怎么算的?

投资总亏损$283,000（$450,000 → $167,000）。但我们不能把所有市场损失都归咎于"没有投资策略"------即使有策略，2022 年的市场也不好。

关键问题是：如果 Lisa 遵循自己的策略，结果会怎样？

假设她严格按照策略配置：

- 40%澳洲股票=$180,000 → ASX 200 ETF → 2022 年底约$190,000（含股息+5.5%）
- 25%国际股票=$112,500 → MSCI 世界指数 → 约$105,000（-6.7%）
- 15%固定收益=$67,500 → 债券基金 → 约$64,000（-5%）
- 20%现金=$90,000 → 高息账户 → 约$92,000（+2%）

遵循策略的预估总资产：约$451,000

Lisa 的实际结果：$167,000

差额：$284,000

但在本书的统计口径中，我们只计算与"缺乏策略"最直接相关的损失：

- 加密项目全损$100,000------如果有年度策略审查，这笔投资根本不会发生（策略未授权）
- 未上市生物科技$75,000------同理（策略未授权）
- 但这些属于"投资判断失误"，与策略违规有因果关系但难以精确切割

因此我们取保守口径------仅计算 ATO 直接罚款、合规成本和最可避免的损失：

- ATO 行政罚款：$9,900
- 法律和审计额外费用：$8,000
- 受托人教育课程：$1,200
- 3 年高风险监控额外合规费：$15,000
- 流动性危机导致的强制低点抛售损失：$5,000

- 加密和未上市投资中，可直接归因于"策略未授权即投入"的损失（保守取 25%）：$43,750
- 未持有保险的潜在风险敞口（未计入）

保守总计：$85,000

全口径损失：$284,000 + $34,100 合规成本 = $318,100

投资策略的真正价值

一份认真制定并执行的投资策略，就像飞机的黑匣子和自动驾驶系统------平时你觉得多余，紧急情况下它救命：

防止冲动决策："策略没有授权加密投资"------这一条就值 $100,000。

强制分散风险："单一资产不超过 15%"------不会 62%押注科技股。

确保流动性底线："至少 10-20%现金"------不会在低点被迫卖出付审计费。

定期强制审查："每年 6 月 30 日前"------2021 年底审查时就会发现 60%科技股集中度，会主动减持。

记录决策理由：防止事后 ATO 追责。

制定一份专业投资策略的成本：$1,500-$3,000。

Lisa 不做策略的代价：$85,000（保守）到$318,000（全口径）。

投入产出比：1:28 到 1:106。

Lisa 的反思

"我以为投资策略就是走个流程------签字，归档，完事。我现在才明白，那份文件不是给 ATO 看的，是给自己看的。

它是你和自己签的一份契约：冲动的时候翻出来看一眼，上面写着你冷静时做的决定。如果我在买加密之前翻开策略，看到'资产配置 30-50%澳洲股票、10-20%现金'------我可能会冷静三秒钟。那三秒钟值$100,000。

朋友推荐的'内部机会'，每一个都让我亏到底裤都没了。而那份被
我塞进抽屉的策略模板，如果我认真对待它，它会是我最靠谱的投资
顾问。免费的那种。"

4.5 投资集中度限制：Mark 的单一资产陷阱$420,000

SIS Act 第 82-85 条设立了"内部资产规则"：SMSF 持有的内部资
产（向关联方贷款、关联信托投资、租赁给关联方的资产）总值不得
超过基金市值的 5%。但投资集中度的风险远不止于内部资产合规------
即使每一笔投资都合法，把 76%的退休金押注在一栋建筑上，本身就
是一场用养老金做赌注的豪赌。

Mark 的单一资产陷阱：$420,000 的集中度教训

Mark 的信仰

2020 年底，52 岁的 Mark 是悉尼一家建筑公司的项目经理，年薪
$220,000。他和妻子Karen（49 岁，兼职教师）的 SMSF 有$850,000。

Mark 对房产有一种近乎宗教般的热情。

"在澳洲，房产永远不会跌。我父亲 1985 年花$80,000 买的
Parramatta 房子现在值$1.2M------四十年涨了 15 倍。只要买对位置，
房产是世界上最安全的资产。"

这种信仰在澳洲并不罕见。但当信仰变成投资策略时，它就变成
了最昂贵的偏见。

Mark 发现了一个"千载难逢"的机会：悉尼西区一栋商业仓库，售
价$650,000，年租金$66,000，回报率 10.2%。

他的计划：SMSF 出$300,000 首付加印花税，通过 LRBA 借款
$350,000。月租$5,500，扣掉贷款利息$1,750，净现金流每月$3,750。
"比银行存款高五倍！"

会计师 Susan 提出了她的核心担忧："Mark，这栋仓库将占你
SMSF 净资产的 60%。加上贷款杠杆，你几乎是'全仓单押'。如果市场

下跌或者租户走了，你没有缓冲。你的投资策略写着'至少分散在 3 个资产类别'------这笔投资明显违反了你自己的策略。"

Mark 不以为然："仓库在 Western Sydney 物流区，需求只会增加。租约还有 5 年，租户是一家物流公司。这是确定性最高的投资。"

Susan 最后一次尝试："投资集中度不只是合规问题，更是风险管理的基础。SMSF 不同于个人投资------这是你和 Karen 的全部退休储蓄。如果出了问题，没有后路。"

Mark 签了字。

2021 年 1 月，交易完成。

投资组合变成：

- 商业仓库：$650,000（含$350K LRBA 贷款）
- 剩余股票：$150,000
- 现金：$50,000

仓库净资产$300,000，占 SMSF 净资产$500,000 的 60%。

前两年一帆风顺。2021 年租金$66,000 准时入账，扣掉利息净回报$52,000。2022 年仓库估值升至$720,000。Mark 觉得自己做了此生最英明的决定。

他没有意识到，顺风顺水不是因为他的判断正确，而是因为风暴还没来。

2023 年：五重灾难

灾难一（3月）：租户 Logistics Express Pty Ltd 突然进入清算，终止租约。

一夜之间，SMSF 的唯一收入来源归零。但贷款还款$4,200/月和物业费保险$1,500/月照常扣除。SMSF 每月净流出$5,700。四个月零收入：$22,800 直接亏损。

灾难二（5 月）：Mark 急于止血，通过他建筑公司的客户关系介绍了一家小型制造商 Precision Parts Pty Ltd 入驻，月租$5,000（低于市场价$5,800）。

Mark 松了一口气。但六个月后，年度审计揭开了一个他忽视的问题：Precision Parts 的股东 Bob Chen，是 Mark 最大客户的弟弟，Bob 的嫂子和 Karen 是大学室友。审计师追查发现 Bob 在租赁谈判中说过"这是帮 Mark 的忙"。

虽然 ATO 最终没有将 Precision Parts 认定为法定关联方，但$5,000/月的租金比市场价低 14%，违反了 SIS Act s109 的公平交易原则（arm's length）。所有低于市场价的收入被视为 NALI，适用 45%税率。

灾难三（9 月）：澳洲储备银行连续加息。LRBA 贷款利率从 3.5%升到 6.5%。月还款从$1,750 升到$2,600，年增加利息$10,200。

灾难四（11 月）：商业地产市场受利率冲击下跌。独立估值：$580,000（比高点$720,000 跌了$140,000）。

灾难五（2024 年）：SMSF 现金流陷入死亡螺旋。

月租金$5,000 - 月贷款$2,600 - 月运营$1,500 = 月净现金流$900。

年度固定支出（审计$3,500 + 会计$4,000 + ASIC $300 + ATO $600 + 保险$2,800）= $11,200，月均$933。

SMSF 每月实际盈余：-$33。入不敷出。

Mark 被迫做出他最不愿面对的决定：卖掉仓库。

急售的商业地产就像伤口上的盐。买家知道你急，出价只会更低。最终成交价$530,000------比$580,000 的估值又低了$50,000。

$420,000 的解剖

买入总成本：$683,000（购买价$650K + 印花税$25K + 法律费$5K + 贷款设立费$3K）

卖出净收入：$511,000（售价$530K - 中介费$16K - 法律费$3K）

资本损失：$172,000

持有期间损失：

- 4 个月空租：$22,000
- 18 个月低于市场租金（$800/月差额）：$14,400
- NALI 额外税：$8,100
- 利率上升超额利息：$20,400

持有损失小计：$64,900

处罚和合规成本：

- 违反投资策略（资产集中度超标）：$6,600
- 违反公平交易原则：$6,600
- NALI 税务调整：$8,100
- 法律和会计费用：$22,000

处罚小计：$43,300

机会成本：

- $300,000 自有资金如分散投资 ETF 组合（3 年 7%年化）：约 $367,000
- 实际 SMSF 剩余：$161,000（$511K - $350K 还贷）
- 机会成本差：$206,000
- 取保守部分$139,800

总损失：$420,000

（$172,000 资本损失 + $64,900 持有损失 + $43,300 处罚 + $139,800 机会成本保守部分）

集中度投资的四重系统性风险

Mark 的遭遇不是"运气差"，而是集中度投资的必然结局之一。把 76%退休金押注在单一不动产上，意味着同时面对四重系统性风险：

第一，流动性陷阱。$650,000 的仓库不能卖 1/3。不像股票基金可以部分变现，不动产是"全卖或全不卖"。紧急情况发生时，唯一的选择就是忍受或割肉。

第二，收入单一性。100%租金来自一个租户。租户破产=收入瞬间归零。如果 Mark 的$300,000 分散在 5 只蓝筹股里，其中一只停止分红，影响只有 20%。

第三，杠杆放大效应。$350,000 贷款意味着$650,000 的资产只有$300,000 是"自己的钱"。市场跌 10%，自有资金跌 23%。利率升 3 个百分点，年度现金流从$52,000 直接缩水到$20,000 以下。杠杆在上涨时放大收益，在下跌时放大亏损------而且下跌时你还要继续还贷。

第四，强制出售折价。急售商业地产通常折价 10-20%。你越急，对方越不急。Mark 的折价：估值$580K 卖$530K，加上中介费，总折价 15%以上。

Mark 的反思

"我犯了每个'房产信徒'都会犯的错误------把信仰当成分析。

'房产永远涨'这句话，对全澳洲房产市场的 30 年走势可能成立。但对一栋特定仓库在一个特定时间段的表现？完全是另一回事。

$850,000 的 SMSF，我用其中$300,000 做首付，加上$350,000 贷款，把总共$650,000------76%的退休金------押在一栋建筑上。这不是投资，这是用我和 Karen 的养老金做赌注。

如果我听了 Susan 的话，把$300,000 分成三份：$100,000 商业地产 ETF（分散了个别物业的风险）、$100,000 澳洲蓝筹股（分散了行业风险）、$100,000 国际指数基金（分散了国家风险）------即使其中一个暴跌 50%，我的总资产最多跌 17%。但单一仓库出问题，我跌了 50%。

更讽刺的是，我自己的投资策略白纸黑字写着'至少分散在 3 个资产类别'。自己定的规则，自己不守。

Susan 当时说了一句话，我现在每天都想起来：'Mark，不要把所有鸡蛋放在一个篮子里------尤其是那个篮子还是借钱买的。'

$420,000。世界上最贵的四个字：'分散投资'。"

4.6 收藏品规则：Andrew 的古董车梦想$180,000

SIS Regulation 13.18AA 对 SMSF 投资收藏品和个人使用资产施加了六道铁锁。受限资产包括：艺术品、珠宝、古董、硬币、邮票、稀有书籍、纪念品、葡萄酒和烈酒、机动车辆、休闲船只，以及体育或社交俱乐部会员资格。这些资产有一个共同特征------它们天生带着"个人享受"的诱惑。而 SMSF 的唯一目的是退休储蓄，"享受"两个字就是违规的起点。

Andrew 的古董车梦想：$180,000 的"收藏"代价

Andrew 和那辆 Mustang

55 岁的 Andrew 是墨尔本一家律师事务所的高级合伙人，年收入$350,000。他的 SMSF 有$1,500,000，投资组合一直波澜不惊------60%蓝筹股、25%债券、15%现金。

但 Andrew 的内心住着一个少年。

从十六岁第一次在电视上看到 Steve McQueen 驾驶 Highland Green 色的 Ford Mustang GT Fastback 冲下旧金山街头开始，这辆车就刻进了他的 DNA。四十年来，每次看到古董 Mustang 的照片，他心跳都会快一拍。

2021 年初，墨尔本古董车展上，Andrew 看到了梦中的那辆------1967 Ford Mustang GT Fastback，Highland Green 色，原版 V8 引擎，里程仅 45,000 英里，车况近乎完美。

卖家报价：$180,000。

Andrew 心动了，但从个人账户出$180,000 有点心疼。然后他想到了 SMSF。

"古董 Mustang GT 过去十年年均升值 12%，比 ASX 200 的 8%还高。而且 SMSF 持有的话，增值只需缴 15%的税，比个人的 37%省了一大截。这不是感情用事，这是理性投资。"

作为律师，Andrew 自认为做了充分的法律准备。他查了 SIS Reg 13.18AA，列了一个合规清单：

- 7 天内投保------"没问题"
- 不得被关联方使用------"我绝对不会开它"
- 不得存放在关联方住所------"我找专业仓库"
- 保留存放决策记录------"我是律师，文书工作是强项"

2021 年 4 月 5 日，交易完成。SMSF 以$180,000 购入这辆 Mustang。

第一道防线崩塌：保险延迟

购买完成后，Andrew 投入了一个大案子------一桩跨国商业纠纷，连续两周每天工作 14 小时。联系保险公司的事被推到了"明天"。

明天变成了下周。下周变成了第 12 天。保险最终在第 14 天生效。

规则要求：购买后 7 天内投保。不是 7 个工作日，是 7 个日历天。

Andrew 告诉自己："就延迟了一周，车在仓库里纹丝不动，没有任何实际风险。这种技术性小问题 ATO 不会在意的。"

这是 Andrew 犯的第一个错误------也是律师最不该犯的错误：以为法律有"技术性小问题"和"实质性大问题"之分。对 ATO 来说，规则就是规则，7 天就是 7 天。

温水煮青蛙：渐进式使用

Andrew 把 Mustang 存放在 Prestige Car Storage，月租$400。车安安静静地躺在恒温仓库里。一个月过去了，两个月过去了。一切合规。

然后，诱惑来了。

2021 年 6 月，墨尔本古董车俱乐部年度展览。Andrew 收到邀请函，心痒难耐。他说服自己："参展能增加曝光度，有利于将来出售时的估值。这是投资管理行为，不是个人使用。"

他亲自开车把 Mustang 从仓库开到展览会场，18 公里。引擎在公路上发出低沉的咆哮，Andrew 的嘴角不由自主地上扬。

2021 年 9 月，律所合伙人退休聚会。Andrew 又"借"出了 Mustang，载着老朋友绕城一圈。"就一次，给老搭档一个惊喜。"

2021 年 12 月，儿子结婚。这一次，Andrew 没有犹豫------Mustang 作为婚礼用车出场。他让 SMSF 账上记了$500"租赁收入"，觉得这样就算"合规"了。

2022 年全年：参加了 3 次古董车展（每次来回 20 公里），在慈善筹款活动中展示（周末 2 天），圣诞节载家人在街区兜了一圈（"就几分钟"），每月去仓库"检查"启动引擎运行 10 分钟。

每一次使用，Andrew 都给自己找了一个理由。但法律不看理由。

第二道防线崩塌：存放地点

2022 年 7 月，Prestige Car Storage 通知租金上涨到$550/月。Andrew 算了一笔账：$6,600/年，就为了停一辆车？

他家车库正好空着。而且他花了$15,000 安装了恒温恒湿系统和安防报警------"比商业仓库条件还好"。

2022 年 8 月，Andrew 把 Mustang 移到了自己家的车库。

他的逻辑："车库是独立建筑，和住宅主体分开，应该不算'关联方住所'。"

但 ATO 的定义毫无歧义：关联方住所包括"住宅及其所在土地上的所有建筑物，包括车库和棚屋"。Andrew 家的车库，无论多独立、多豪华，都属于关联方住所的一部分。

2023 年审计：所有裂缝同时爆裂

审计师 Rachel 是一位干了二十年 SMSF 审计的老将。她审查 Mustang 的合规状况时，像拆炸弹一样一层层剥开：

违规一：保险延迟 14 天（Reg 13.18AA(5)要求 7 天）。

违规二：关联方多次使用（Reg 13.18AA(2)）。Rachel 的证据来源让 Andrew 脸色发白：

Andrew 的 Instagram------多张他站在 Mustang 旁的照片，地理定位在展览会场和婚礼现场。车辆里程表------购买时 45,000 英里，当前 45,380 英里，增加了 380 英里（收藏级古董车每一英里都计数）。儿子的婚礼摄影师官网------Mustang 作为婚礼用车的高清照片。律所网站------退休聚会报道中提到"Andrew 的经典 Mustang"。

违规三：存放在关联方住所超过 12 个月（Reg 13.18AA(4)）。

违规四：存放决策记录不完整----没有受托人会议纪要记录从商业仓库移至住所的决定（Reg 13.18AA(6)）。

Rachel 向 ATO 报告了全部违规。

ATO 的判决

2023 年 6 月，ATO 的处罚信措辞严厉：

"Andrew 先生，您的 SMSF 在收藏品投资方面存在严重且系统性的违规。您身为法律执业者，理应对合规义务有更清晰的认知。

处罚：

1. 违反唯一目的测试 s62（多次个人使用 SMSF 资产）：$19,800

2. 违反收藏品保险要求：$6,600

3. 违反收藏品使用限制：$6,600

4. 违反收藏品存放限制：$6,600

总罚款：$39,600

附加：90 天内处置------以独立估价出售给关联方或第三方，或恢复合规存放并确保今后零使用。"

Andrew 决定把 Mustang 买到个人名下。独立估价结果：$160,000。

比两年前的$180,000低了$20,000。原因清晰而残酷：古董车市场 2022-23 年调整；里程增加 380 英里降低了收藏品级别（收藏级古董车的里程是核心价值指标）；曾存放在非专业环境（家庭车库）------

估价师注意到轻微湿度痕迹；缺乏完整的专业存储记录降低了溯源可信度。

SMSF 以$160,000 卖给 Andrew 个人，确认$20,000 资本损失。

$180,000 的完整代价

投资和持有成本：

- 购买价$180,000 + 保险$8,000 + 存储$5,600 + 运输$1,200 + 估价$2,500 = $197,300

  回收：$160,000

  SMSF 净投资损失：$37,300

  ATO 罚款：$39,600

  合规和法律成本：

- 律师费（应对 ATO）：$25,000
- 额外审计费：$5,000
- 受托人教育课程：$1,200

  高风险监控（5 年）：$25,000

  保守总计：$180,000

  含$37,300 投资损失 + $39,600 罚款 + $31,200 法律合规 + $25,000 监控 + 其他零散成本）

  收藏品规则的底层逻辑

  为什么法律对收藏品如此苛刻？因为收藏品天生与 SMSF 的"唯一目的"存在不可调和的冲突：

  古董车------你会想开。

  艺术品------你会想挂在家里。

  葡萄酒------你会想喝。

  珠宝------你会想戴。

这些资产的"个人享受"属性是与生俱来的。每一次"偶尔使用""就这一次"的冲动，都是唯一目的测试的敌人。

收藏品六道铁锁：

第一道：购买后 7 个日历天内投保（SMSF 名义），即使资产存放在银行保险库也不例外。

第二道：不得租赁给关联方，不管租金多公平。

第三道：不得被关联方使用------任何形式：驾驶、佩戴、展示、品尝、甚至"检查性启动"。即使支付"租金"也不能使使用合法化。

第四道：不得存放在关联方住所------包括车库、棚屋、花园，无论存储条件多专业。

第五道：出售给关联方必须独立估价，估价师必须持有资质且与基金无关联。

第六道：存放决策必须有书面记录，保留十年。

Andrew 的反思

"我是律师。我比任何人都应该清楚法律的确定性------法律不管你的理由，只管你的行为。

但当涉及到那辆 Mustang 时，我的法律判断力完全被感情覆盖了。每一次'例外'我都合理化了：'参展是投资管理'、'婚礼就这一次'、'启动引擎是维护保养'。我用律师的技能给每个违规行为写了一份完美的辩护词------但 ATO 不是法官，他们看的是事实，不是修辞。

最讽刺的是，如果我用个人的$180,000 买这辆 Mustang------想开就开，想停家里就停家里，想给儿子婚礼用就用------除了没有 SMSF 的税务优惠，没有任何问题。

为了省几万块税，我多付了$180,000 代价。

SMSF 是退休储蓄工具，不是爱好展厅。你的热情、你的梦想、你想'偶尔享受一下'的东西------请用个人的钱。SMSF 买的东西，你不能碰。这个'不能碰'没有灰色地带，没有例外情形，没有'合理使用'。

如果你真的想通过 SMSF 投资收藏品

可以，但必须做到以下全部：

- 聘请专业管理机构全程托管------你自己绝对不碰
- 存放在第三方专业设施------不是你家、不是你的办公室
- 购买当天投保------不是"下周"，是当天
- 所有存放和处置决策留下书面记录并保留十年
- 接受每年$8,000-$15,000 的额外持有成本（存储、保险、管理、审计）
- 确保扣除所有成本后，投资回报仍然合理

做不到任何一条？用个人的钱买。

你省下的税远远不够付罚款。Andrew 可以作证。

第四章总结：SMSF 投资六大铁律

通过八个真实案例，我们看到了违反投资规则的实际代价。以下是核心要点总结：

规则	核心要求	典型违规	实际损失
s62 唯一目的	仅为退休福利；成员不得使用基金资产	Helen 度假屋（11%自用）	$143K
s66 相关方禁令	不能从相关方购买资产	David / Emma / Tom（规避失败）	$856K（累计）
s65 借款禁令	不能借款给成员或相关方	Paul 帮女儿创业贷款	$290K

s52B 投资策略	必须有书面投资策略并遵守	Lisa 无策略投资	$85K
s71 投资限制	关联方资产上限 5%（内部资产规则）	Mark 关联方租户陷阱（NALI 违规）	$420K
收藏品规则	7 天内投保；不得自用	Andrew 古董车未保险+自用	$180K

总计违规损失：$1,974,000（8 个案例）

平均每个案例损失：$246,750

五大核心启示

1. 规则是红线，不是指南

Robert 的违规让$1M 缩水到$300K（-70%），而 Sarah 的合规让$1M 增长到$1.385M（+38.5%）。差距：$1.085M。

2. "聪明"方案往往最蠢

David/Emma/Tom 试图规避 s66，累计损失$856K。如果老老实实遵守规则，损失为零。

3. ATO 看实质，不看形式

临时退出受托人、先卖后买、价格操纵，所有"创造性"规避都被识破。Part IVA 反避税条款无处不在。

4. 家族生意 ≠ SMSF 的生意

Paul 帮女儿$290K、David 公司股权$352K，"帮家人"往往毁两代关系和财务。

5. 简单策略最有效

Sarah 的 ETF+商业地产（租给无关方）+债券，三年回报 38.5%，零违规。简单 ≠ 低效，复杂 ≠ 高级。

SMSF 投资合规检查清单

每次投资前，使用这个清单自查：

√ 唯一目的测试

☐ 这项投资纯粹为了退休储蓄吗?

☐ 我或家人会从中获得任何当前福利吗?

☐ 如果不是 SMSF 税务优惠，我还会这样投资吗?

☐ 能否通过 "Helen 度假屋测试 "（即使 0.1%自用也违规）?

√ 相关方禁令

☐ 卖方是相关方吗? （成员、配偶、子女、控制的实体）

☐ 如果是相关方，属于三个例外之一吗?

☐ 如果是商业地产，有独立市场估价吗?

☐ 我是否在尝试 "创造性 "规避 s66?

√ 借款禁令

☐ 这笔钱会直接或间接给成员或相关方吗?

☐ 我是否在 "帮家人 "? （Paul 的教训）

☐ 这笔投资会为相关方提供流动性吗?

☐ 记住：借款 ≠ 投资，一律禁止

√ 投资策略

☐ 我有书面投资策略吗?

☐ 策略包含风险、回报、流动性、多元化吗?

☐ 这项投资符合我的投资策略吗?

☐ 策略是否每年审查?

√ **投资限制**

□ 单一未上市公司股权 5%总资产吗？

□ 单一关联信托单位 5%总资产吗？

□ 如果 >5%，有没有持续减持计划?

□ 记住：分散投资=风险管理

√ **收藏品规则**

□ 如果购买收藏品，7 天内能投保吗?

□ 收藏品会存放在成员家里吗？（禁止）

□ 收藏品会被成员使用吗？（禁止）

□ 记住：收藏品=高风险投资类别

最后提醒:

如果你对任何投资的合规性有疑问，咨询专业人士的成本（ $2,000- $5,000）远低于违规的代价（ $85,000- $856,000）。

八个案例的平均违规损失 $246,750。

第五章 SMSF 税务实战指南

三个税务世界。零税率天堂与 45%惩罚税地狱。如何始终身处正确的那一个。

从 0%免税天堂到 45%惩罚地狱

五个真实案例，六个惨痛教训，价值$1,065,500 的智慧

序章：两个错误，两种代价

开篇：$236,250 的教训

Steve 的 4 天噩梦：时机错误，损失 $45,000

2022 年 6 月 29 日，68 岁的 Steve 完成当年最后一笔 SMSF 缴款 $5,000。他计划 7 月 1 日开始养老金，但会计休假，拖到 7 月 5 日才办理。

7 月 2 日，SMSF 卖掉 Parramatta 投资房，资本收益 $300,000。

问题：养老金还没开始，SMSF 仍在累积阶段。

结果：

- 如果 7 月 1 日开始养老金：$300K 资本收益完全免税
- 实际 7 月 5 日才开始：$300K × 15% = $45,000 税款

  仅仅 4 天的延迟，每天损失 $11,250。

  Jennifer 的一个决定：交易错误，损失 $191,250

2023 年，60 岁的 Jennifer（会计师）SMSF 有办公室，市场租金 $60,000/年。她租给儿子公司 $45,000/年（低 25%），想 "帮帮孩子 "。

2024 年 ATO 通知：这是非独立收入（NALI），该物业所有收入永久按 45%征税。

  计算：

- 年租金 $45K × 45% = $20,250/年
- 5 年租金税：$101,250

- 5 年后卖楼，资本收益 $200K × 45% = $90,000
- 总损失：$191,250

vs 市场价 $60K 租给无关方：养老金阶段完全免税，损失 $0。

一个 "帮忙 "的决定，换来终身 45%烙印。

这两个故事揭示 SMSF 税务的核心真理：

1. 时机决定税率 （Steve：4 天= $45K）

2. 交易性质决定税率 （Jennifer：非独立=45%终身）

让我们深入了解 SMSF 税务的每一个细节。

5.1 SMSF 的三重税率世界

在 SMSF 的世界里，同样是$100,000 投资收益，你可能交$0 税、$15,000 税，或$45,000 税。差别在于：你在三个世界的哪一个。

税率世界	实际税率	触发条件	典型场景	$100,000 收益实际税款	如何进入/避免
免税天堂	0%	100%养老金阶段（ECPI 完全豁免）	Tom，62 岁；$1.5M 全部进入养老金阶段	$0	✓满足释放条件 ✓开始养老金 ✓停止一切缴款
舒适区	15%	累积阶段正常投资收益	Lisa，45 岁；$800K 累积账户	$15,000	默认状态 ✓保持公平交易

惩罚地狱	45%	非独立收入/费用（NALI / NALE）	Jennifer；低价租给儿子公司	$45,000	避免相关方优惠 避免非独立交易

5.1.1 Jennifer 的完整旅程：穿越三个税率世界

Jennifer 的三年三税率

Jennifer（会计师）的 SMSF 在三年内经历了完整的税率循环，从 15%舒适区到 0%天堂，最后跌入 45%地狱。

第一年（2021）：15%舒适区------累积阶段的日常

Jennifer 59 岁，SMSF $800,000，100%累积阶段。

投资组合：

- ASX 200 ETF：$400,000
- Chatswood 办公室：$300,000（租给会计事务所 $30K/年，市场价）
- 现金：$100,000

2021 年收入：

- ETF 股息+资本收益：$40,000
- 办公室租金：$30,000
- 银行利息：$5,000
- 总收入：$75,000

税款计算：

$75,000 × 15% = $11,250

Jennifer 问会计："为什么是 15%？"

会计："这是 SMSF 累积阶段的标准税率（s295-10）。比你个人 37%税率省了：

- 如果是个人收入：$75K × 37% = $27,750
- 在 SMSF 累积：$75K × 15% = $11,250
- 年节税：$16,500

而且这还不是最优。等你 60 岁开始养老金，税率会降到 0%。"

Jennifer："那我还要等 1 年？"

会计："对，就 1 年！今年你已经省了 $16,500 税。等明年 60 岁进入养老金阶段后，每年再省 $11,250+，假设还有 30 年，总节税 $337,500。"Jennifer 很满意，牢记会计的两个提醒：

1. 保持公平交易（避免 NALI）

2. 60 岁退休后立即开始养老金（降到 0%）

但她记住了第二点，忘了第一点。

第二年（2022）：0%免税天堂------养老金的魔力

2022 年 Jennifer 满 60 岁，选择退休。她将 $850,000（账户已增长）全部转入养老金阶段。

2022 年，同样的投资组合产生类似收入：

- ETF 收益：$42,000
- 办公室租金：$30,000
- 利息：$6,000
- 总收入：$78,000

Jennifer 紧张地问会计："今年收入更高，税会不会更多？"

会计笑了："恭喜你进入免税天堂。税款：$0。"

Jennifer 震惊："$78,000 一分钱都不交？"

会计："是的。你现在 100%养老金阶段，所有收入都是 ECPI（豁免当期养老金收入，s295-385）。

而且不仅是普通收入免税：

- 卖股票赚 $100K：资本收益免税（s118-320）
- 办公室升值 $200K：卖掉也免税

- 股息、利息、租金：全部免税

这就是养老金阶段的魔力。你从累积 15%降到养老金 0%，每年节税 $11,250+。"

Jennifer 计算未来节税：

- 假设还活 30 年
- 每年节税 $11,250
- 总节税：$337,500

她感觉自己做了一生最明智的决定："应该早点退休！"

但两个月后，一个看似善意的决定改变了一切。

第三年（2023）：45%惩罚地狱------NALI 的终身诅咒

2023 年 8 月，Jennifer 的儿子 David 刚创业，开了家 IT 公司。

David："妈，我需要办公室，能租你 SMSF 的 Chatswood 办公室吗？"

Jennifer："市场价 $60,000/年，你付得起吗？"

David："刚创业，现金流紧张…能不能便宜点？"

Jennifer 心软："好吧，$45,000。反正是自家人，帮你省 $15,000。"

致命的决定做出了。

Jennifer 没意识到：

- 市场价 $60K vs 实际价 $45K = 25%折扣
- 承租方是儿子公司 = 相关方
- 这是典型的 非独立交易

2024 年 7 月，ATO 审查通知到了：

"Jennifer 女士：

我们审查了你的 SMSF 2023-24 财年申报。你的 Chatswood 办公室租金 $45,000 属于 非独立收入（NALI, Non-Arm 's Length Income）。

依据：

- 市场租金评估：$60,000/年（周边同类物业均价）
- 实际租金：$45,000/年
- 差异：25%低于市场价
- 承租方：David IT Pty Ltd（你儿子的公司，相关方）
- 法律依据：s295-550，PCG 2020/5

后果（根据 2019 年 NALI 改革）：

1. 2023-24 财年租金 $45,000 按 45% 税率征税

2. 此物业 未来所有收入 （租金+资本收益） 永久 按 45%征税

3. 即使你将来以市场价出租或租给无关方，45%税率 仍然适用

4. 这是 资产层面的永久烙印，无法消除

税款计算：

- 2023-24 租金 $45,000 × 45% = $20,250
- 请在 30 天内支付 "

Jennifer 崩溃了。她给会计打电话："这怎么可能？！"

会计叹气："Jennifer，我提醒过你 '保持公平交易 '。现在触发了 NALI，我们算算未来损失 …"

未来 5 年（假设继续持有）：

每年租金 $45K × 45% = $20,250/年

5 年累计：$101,250

第 6 年卖掉物业：

- 购买价：$300,000（2020 年）
- 售价：$500,000（预计）
- 资本收益：$200,000
- NALI 税：$200,000 × 45% = $90,000

Jennifer 总损失：$101,250 + $90,000 = $191,250

vs 如果按市场价 $60K 租给无关方：

- 养老金阶段：所有收入完全免税
- 资本收益：完全免税
- 总税款：$0
- 净损失：$191,250

Jennifer 算了一笔更心痛的账：

"帮儿子 "的成本收益分析：

- 儿子每年省租金：$15,000
- 5 年儿子总共省：$75,000
- Jennifer SMSF 损失：$191,250
- 净家庭损失：$116,250

如果 Jennifer 当初直接给儿子 $75,000 现金：

- 儿子得 $75,000
- Jennifer 不触发 NALI
- SMSF 继续免税
- 家庭总体更好

Jennifer 后悔到哭："为了帮儿子省 $75,000，我损失了 $191,250。而且这 $191,250 是我自己辛苦积累的退休金！"

更可怕的是：会计告诉她无法补救

"Jennifer，我查了所有可能：

1. 立即提高租金到 $60K 市场价？ → 不行，45%烙印永久

2. 把物业租给无关第三方？ → 不行，烙印跟着资产走

3. 把物业转给 SMSF 其他成员？ → 不行，仍是同一 SMSF

4. 补交过去少收的租金？ → 不行，NALI 已触发

唯一解决办法：

- 卖掉物业（承担 $90K 的 45% CGT）
- 用现金重新购买其他物业
- 但现在市场不好，交易成本高，你会损失更多

或者：

- 接受现实，每年交 $20,250 税
- 持有到你认为合适的时机再卖
- 但每年都在流血 "

Jennifer 选择继续持有，每年承受 $20,250 的税款。

Jennifer 的三重世界总结：

年份	阶段	收入	税率	税款	感受
2021	累积阶段	$75,000	15%	$11,250	满意
2023	养老金阶段	$78,000	0%	$0	狂喜
2024	NALI（非独立收入）	$45,000 租金	45%	$20,250 /年	绝望

三个深刻教训：

1. 累积 15%是舒适区，但养老金 0%才是目标

Jennifer 在累积阶段每年交 $11,250 税，虽然比个人税低，但不是最优。

2. 60 岁立即开始养老金=每年节税数万

Jennifer 60 岁开始养老金，每年节税 $11,250+。

3. NALI 是 SMSF 最致命的陷阱

一个看似善意的决定（帮儿子省租金），换来终身 45%烙印和 $191,250 损失。

Jennifer 现在逢人就说："千万别为了 '帮家人 '给 SMSF 相关方优惠。要帮，直接给现金。别碰 NALI，那是地狱。

5.2 ECPI：0%免税的两条路径

ECPI（Exempt Current Pension Income，豁免当期养老金收入）是 SMSF 最强大的税务武器。要获得它，你必须在两条路径中选择：独立资产法或非独立资产法。

方法	优势	劣势	适用人群
独立资产法 / Segregated	100% 投资收入免税 / 资本收益完全忽略（不计税、不申报）/ 计算简单	必须全年 100% 养老金阶段 / 任何缴款都会破坏资格 / 极度脆弱	完全退休 / 不再缴款
非独立资产法 / Unsegregated	可继续缴款 / 可灵活调整养老金 / 累积比例 / 税务结果稳定、可预期	需要精算师证明 / 仅部分收入免税 / 计算较复杂	部分退休 / 仍在缴款

5.2.1 Tom 的独立资产法：强大但脆弱

Tom 的独立资产法惊险历程

Tom 的完美第一年（2023-24）

2023 年 7 月，62 岁的 Tom 退休，SMSF $1,500,000 全部转入养老金阶段。

会计："Tom，你可以选独立资产法或非独立资产法。"

Tom："有什么区别？"

会计："独立资产法（Segregated Method）：

- 你 100%养老金阶段
- 所有收入和资本收益 100%免税
- 资本收益完全忽略（连报都不用报）
- 计算超级简单

唯一要求：全年保持 100%养老金阶段

非独立资产法（Unsegregated Method）：

- 需要精算师证明
- 按养老金/总资产比例免税
- 可以继续缴款
- 比较灵活

你选哪个？"

Tom："我都退休了，当然 100%养老金！用独立资产法！"

Tom 的 2023-24 财年（完美无瑕）：

时间线：

- 7 月 1 日：养老金开始，100%养老金阶段
- 9 月 15 日：卖 ASX 股票，资本收益 $50,000
- 12 月 20 日：收到 $15,000 股息
- 3 月 10 日：卖投资房，资本收益 $120,000
- 全年投资收益：$90,000
- 6 月 30 日：仍然 100%养老金阶段

税务结果：

- 投资收益 $90K：ECPI，免税
- 资本收益 $50K（股票）：完全忽略（s118-320）
- 资本收益 $120K（房产）：完全忽略
- 股息 $15K：ECPI，免税

总收入 $275K，税款 $0

Tom 非常满意："太棒了！$275K 收入一分钱税都不交！"

会计提醒："Tom，记住：你必须保持 100%养老金。不要做任何缴款，哪怕 $1。"

Tom："放心，我都退休了，不会缴款。"

但他不知道，一个小疏忽差点毁掉一切…

Tom 的差点毁掉的一年（2024-25）

2025 年 6 月 25 日，Tom 看到新闻：政府鼓励退休人员再就业。Tom 想："我可以做些兼职顾问，赚点零花钱。"

6 月 26 日，Tom 接了个短期咨询项目，公司支付 $5,000 到 Tom 的 SMSF 作为咨询费（雇主缴款）。

Tom 很高兴：" $5,000 额外收入，不错！"

6 月 27 日早上，会计紧急电话："Tom！你做了什么？！"

Tom："我接了个咨询项目啊，$5,000。怎么了？"

会计（几乎要哭）："你知道后果吗？！

那 $5,000 是 雇主缴款 ，进入你的累积账户。从 6 月 26 日到 6 月 30 日这 5 天，你的 SMSF 不再是 100%养老金阶段了！

根据独立资产法规则（s295-385）：

- 只有 全年 365 天 都是 100%养老金才能用独立资产法
- 你 6 月 26-30 日这 5 天有累积账户 $5K
- 全年独立资产法 作废！
- 我们必须改用非独立资产法重新计算全年 ECPI！"

Tom 慌了："那会怎样？"

会计紧急计算：

"用非独立资产法，我需要计算时间加权平均…

你的情况：

- 7 月 1 日-6 月 25 日（360 天）：100%养老金 $1.5M
- 6 月 26 日-6 月 30 日（5 天）：养老金 $1.5M + 累积 $5K

计算公式：

ECPI % = 养老金负债均值 / 总负债均值

养老金负债均值 = ($1.5M × 360 + $1.5M × 5) / 365 = $1.5M

总负债均值 = ($1.5M × 360 + $1.505M × 5) / 365

= $1,500,068

ECPI % = $1.5M / $1,500,068 = 99.995%

今年你总收入 $280K（含 $150K 资本收益）：

- 免税： $280K × 99.995% = $279,986
- 应税： $280K × 0.005% = $14
- 税款： $14 × 15% = $2.10 "

Tom 松了一口气： "才 $2.10，还好 ... "

会计严肃： "Tom，你这次 极度幸运 ，因为：

1. $5K 相对 $1.5M 总资产微不足道 （0.33%）

2. 只有 5 天不是 100%（5/365 = 1.4%）

3. 所以 ECPI%仍然 99.995%，几乎没影响

但如果：

- 你 6 月初（不是 6 月 26 日）就收到 $5K → 影响整月
- 或你收到 $50K（不是 $5K）→ 比例显著下降
- 或你在 3 月卖房前就有累积账户 → 那 $120K 资本收益不能完全忽略，要按比例征税！

让我算算最坏情况 ...

假设你 7 月 1 日就收到 $50K 缴款：

- 全年都有累积账户
- 总负债 = $1.5M 养老金 + $50K 累积 = $1.55M
- ECPI% = $1.5M / $1.55M = 96.77%

那你的税款：

- 总收入 $280K × 3.23%应税 = $9,044 应税
- 税款： $9,044 × 15% = $1,357

  vs 独立资产法： $0

  你为了 $5K 兼职收入，差点多交 $1,357 税！

  而且最可怕的是，如果你在卖房 $120K 资本收益前做了缴款，在独立资产法下这 $120K 是完全忽略的，但在非独立资产法下要按比例征税：

- $120K × 3.23% × 15% = $582 额外税款 "

  Tom 冷汗直流： "我明白了。独立资产法虽然强大，但极度脆弱。任何缴款都会摧毁它。"

  Tom 的独立资产法生存指南

  会计给 Tom 列了清单：

  "要保持全年 100%养老金，你必须避免任何创建累积账户的行为：

  绝对禁止：

- 雇主缴款（哪怕 $1）
- 个人缴款
- 配偶缴款
- 政府 co-contribution
- 从其他基金展期到累积账户
- 分红再投资（如果进累积账户）
- 任何收入分配到累积账户

  唯一允许：

- 养老金支付（提取）
- 投资收益自动进养老金账户
- 资产处置收益进养老金账户
- 什么都不做（最安全）

  最危险时期：

⚠ 6 月 20-30 日：任何缴款都会影响全年

⚠ 大额资产处置前：确保 100%养老金状态

⚠ 跨年度：不要在新财年前几天缴款 "

Tom 从此谨记：

- 6 月 20 日后不碰 SMSF
- 所有缴款都在 7 月 1-10 日进行（如果必须缴款）
- 每月检查账户状态，确保没有意外累积账户

但他也意识到：如果将来想做兼职、想继续缴款，独立资产法就不适合了。那时他需要切换到非独立资产法。

5.2.2 Lisa 的非独立资产法：灵活的过渡方案

Lisa 的非独立资产法智慧

Lisa 的战略选择（2024-25）

Lisa（58 岁医生）2024 年设立 SMSF，账户 $1,200,000。她还没完全退休，计划 60 岁部分退休。

2025 年 7 月 1 日，Lisa 满 60 岁，决定：

- 转 $800,000 到养老金阶段
- 保留 $400,000 在累积阶段（继续工作还要缴款）

会计："Lisa，你不能用独立资产法（不是 100%养老金）。必须用非独立资产法。"

Lisa："有什么区别？"

会计："非独立资产法（Unsegregated Method，s295-390）：

- 需要精算师计算 ECPI 百分比
- 按养老金负债/总负债比例免税
- 可以继续缴款、调整比例
- 每年需要精算证明（成本 $300-800）

优点是灵活：你可以随时缴款、调整养老金/累积比例，不会破坏计算。

缺点是 不能 100% 免税：只有部分收入免税。"

Lisa："那我会多交多少税？"

会计："我们来算算 …

Lisa 的 2025-26 财年运营

时间线和账户变化：

- 7 月 1 日：养老金 $800K，累积 $400K，总 $1,200K
- 9 月 15 日：卖股票，资本收益 $80K
- 12 月 1 日：个人缴款 $20K 进累积账户
- 3 月 10 日：额外 $100K 从累积转养老金
- 全年投资收益：$72K
- 6 月 30 日：养老金 $900K，累积 $520K，总 $1,420K

精算师计算（简化版）：

时间加权平均法：

阶段	时间段	天数	养老金负债	总负债	ECPI 比例
阶段 1	7 月 1 日 --11 月 30 日	153	$800K	$1,200K	66.67%
阶段 2	12 月 1 日--12 月 31 日	31	$800K	$1,220K	65.57%
阶段 3	1 月 1 日 --3 月 9 日	68	$800K	$1,220K	65.57%

阶段 4	3 月 10 日--6 月 30 日	113	$900K	$1,320K	68.18%
年度加权平均	全年 365 天	---	---	---	66.89%

2025-26 税务计算：

总收入：

- 投资收益：$72,000
- 资本收益：$80,000
- 总计：$152,000

免税收入（ECPI）：

$152,000 × 66.89% = $101,673

应税收入：

$152,000 × 33.11% = $50,327

税款：$50,327 × 15% = $7,549

Lisa 的对比分析

Lisa 问："如果我 7 月 1 日就把全部 $1.2M 转养老金呢？"

会计算给她看：

"如果 100%养老金（独立资产法）：

- 总收入 $152K：全部免税
- 税款：$0
- vs 你现在：$7,549

你多交 $7,549 税。

但代价是：

- 你不能再缴款（任何缴款破坏 100%状态）
- 你的兼职工作收入无法进入 SMSF 享受优惠
- 如果你 12 月想缴 $20K，会破坏全年独立资产法，可能反而多交税 "

Lisa： "那我为什么不选 100%养老金？ "

会计： "因为你的情况：

1. 还在兼职工作（每周 2 天）

2. 还想继续缴款积累

3. 不确定何时完全退休

如果你选 100%养老金：

- 每次缴款都创建累积账户
- 从独立法降级到非独立法
- 需要重新计算，可能税更高
- 而且你失去了缴款的灵活性

现在用非独立法的优势：

- 随时缴款，不影响 ECPI 计算
- 灵活调整养老金/累积比例
- 税务可预测，容易规划
- 虽然多交 $7,549，但换来完全的灵活性 "

Lisa 明白了： "所以非独立法是过渡期的最优解？ "

会计： "完全正确。等你 2026-27 完全退休、停止工作：

- 7 月 1 日将全部 $1.42M 转养老金
- 从此用独立资产法
- 税降到 $0
- 享受终身免税

你现在的策略：

- 2025-26：牺牲 $7,549 税，换取缴款灵活性

- 2026-27 起：100%养老金，0 税率

这比强行现在 100%养老金、然后每次缴款都破坏状态要明智得多。
"

Lisa 的 3 年规划

Lisa 制定了清晰的税务路径：

2024-25（设立 SMSF，全累积）：

- 累积 $1.2M
- 税率：15%
- 税款约：$18K

2025-26（过渡期，非独立法）：

- 养老金 67%+累积 33%
- ECPI：66.89%
- 税款：$7,549

2026-27 起（完全退休，独立法）：

- 100%养老金
- ECPI：100%
- 税款：$0

3 年累计节税：

vs 一直留在累积阶段 15%：

- 2024-25：$18K
- 2025-26：$7.5K vs $22.8K → 省 $15.3K
- 2026-27 起：$0 vs $22.8K → 每年省 $22.8K

10 年总节税：$15.3K + $22.8K×9 年 = $220K+

Lisa 很满意："这 $7,549 是值得的。它给了我缓冲期，让我从容过渡到完全退休。

5.3 NALI/NALE：45%地狱的三个入口

非独立收入（NALI -- Non-Arm's Length Income）和非独立费用（NALE -- Non-Arm's Length Expenditure）是 SMSF 税务的终极陷阱。2019 年改革后，NALI 从"当期收入 45%"升级为"资产永久 45%"。

入口 1：低价交易------Jennifer 的$191K（已讲）

低于市场价 25%租金给儿子公司，触发一般 NALI 条款，物业所有收入永久 45%。

入口 2：免费服务------Michael 的$102K 双重打击

Michael 的免费服务三重陷阱

Michael 的 SMSF 拥有办公楼 $2M，租给 Michael 的公司，租金 $80K/年（市场价）。

2025 年楼需要装修 $150K。Michael 想："我公司有建筑队，让他们免费帮 SMSF 装修。"

免费装修安排：

- 材料：$50K（SMSF 支付）
- 人工：$100K（Michael 公司免费提供）
- 市场人工价：$100K

2026 年，三重打击来了：

打击 1：NALE（非独立费用）

ATO："Michael，你的公司为 SMSF 提供 $100K 免费服务，这是非独立费用（NALE）。

后果：

- 办公楼成本基础 不能 包括 $100K 人工
- 将来卖楼时，资本收益更高
- 且额外资本收益按 45% 征税"

假设 2030 年卖楼：

- 购买价：$2M
- 装修材料：$50K（可计入）
- 装修人工：$100K（NALE，不能计入）
- 调整成本基础：$2.05M（不是 $2.15M）
- 售价：$2.5M
- 资本收益：$450K（而非 $350K）
- 额外 $100K 收益 × 45% = $45,000

打击 2：Div 7A（公司法）

ATO 给 Michael 个人："你的公司为 SMSF 提供 $100K 免费服务，根据 Division 7A：

- 视同公司给你（股东）分红 $100K
- 计入你个人应税收入
- 你个人税率 37%：$100K × 37% = $37,000 "

打击 3：可能的缴款问题

ATO："$100K 免费服务可能构成你对 SMSF 的非优惠缴款。

- 2025-26 非优惠上限：$120K
- 如果你当年还有其他缴款，可能超限
- 超额缴款税：可能 $20K+ "

Michael 总损失：

- NALE 导致 CGT：$45,000
- Div 7A 个人税：$37,000
- 超额缴款税：$20,000+
- 合计：$102,000+

vs 如果 Michael 公司按市价收费：

- SMSF 支付 $100K 给公司
- 公司收入 $100K，交 30%公司税= $30K
- 可计入楼成本基础

- 无 Div 7A 问题
- 无缴款问题
- 实际成本：$30K

Michael 为了省 $100K（免费服务），实际损失 $102K，净损失 $2K，还惹来无数麻烦。

入口 3：混合使用------Karen 的$720K 灾难

Karen 的$10K 变$720K 噩梦

Karen 的 SMSF 2023 年购买悉尼 CBD 商业楼 $2M。

楼层分配：

- 1-3 层：租给 Big 4 会计事务所（$120K/年，市场价）
- 4 层：Karen 的个人公司办公室（$40K/年，市场价）

一切看起来完美合规。

但 Karen 犯了一个 "小 "错误：

她让个人公司免费使用 4 层的一个会议室（约 25 平米），市场价值约 $10,000/年。

Karen 想："就一个会议室，不影响什么吧？"

2024 年，ATO 审查通知：

"Karen 女士：

你的个人公司使用 SMSF 物业 4 层会议室未支付租金，差额约 $10K 每年属于非独立收入（NALI）。

根据 一般 NALI 条款（General NALI Rule）：

- NALI 收入来自特定资产（整栋楼）
- 该资产 所有收入 按 45%征税
- 包括：所有租金+未来资本收益 "

Karen 震惊："整栋楼？！1-3 层租金都是市价啊！"

ATO："你没有将楼层 法律上分离 （如分契产权 Strata Title）。在税法上，这是一个资产。

根据 PCG 2020/5：

- 一般 NALI：影响整个产生 NALI 的资产
- 你的楼是一个整体资产
- 不能部分征税 "

Karen 的噩梦计算：

每年损失：

- 总租金收入： $160K（ $120K+ $40K）
- NALI 税： $160K × 45% = $72,000/年
- vs 正常（养老金阶段）： $0
- 年损失： $72,000

5 年后卖楼：

- 购买价： $2M
- 售价： $2.8M
- 资本收益： $800K
- NALI 税： $800K × 45% = $360,000
- vs 正常（养老金阶段）： $0
- 卖楼损失： $360,000

Karen 总损失： $72K×5 年 + $360K = $720,000

恐怖的放大效应：

$10K/年小错误

×

72 倍

=

$720K 总损失

Karen 的绝望补救尝试：

Karen 立即：

1. 补交 4 年欠租 $40K

2. 将 4 层改租给无关第三方

3. 所有未来交易市价

ATO 回应："对不起，NALI 烙印是永久的。

- 补交欠租不消除已触发的 NALI
- 改租无关方不改变资产性质

唯一选择：

1. 继续持有，每年交 $72K 税

2. 卖楼，交 $360K CGT

3. 转出 SMSF（同样交 CGT）"

Karen 选择 2025 年卖楼，承受 $360K 损失。

如果 Karen 当初做对了什么？

方案 A：法律分离（最优）

- 将 1-3 层和 4 层做分契产权（Strata Title）
- SMSF 只购买 1-3 层
- 4 层单独购买或租用
- NALI 只影响 4 层，1-3 层安全

方案 B：100%公平交易

- 4 层完全按市价租给个人公司
- 包括会议室 $10K
- 每月按时付租
- 书面租约，市场条款

方案 C：完全隔离

- SMSF 不购买任何相关方使用的物业
- 只投资 100%租给无关方的资产

Karen 后悔："为了让公司免费用个会议室（省 $10K/年），我损失了 $720K。这是我人生最贵的'便利'。

5.4 SMSF 税务五大核心原则

SMSF 税务五大铁律

经过 Steve、Jennifer、Tom、Lisa、Michael、Karen 六个案例，我们总结出 SMSF 税务的五大铁律：

原则 1：时机决定税率（Steve 的 $45K 教训）

累积阶段 15% → 养老金阶段 0%，差异 15 个百分点。

关键时间窗口：

- 养老金开始日期：精确到日
- 大额资产处置：确认当天状态
- 跨财年操作：避免 6 月底缴款+7 月初养老金

Steve 的教训：4 天延迟= $45,000 损失。

原则 2：100%养老金=最强武器（Tom vs Lisa）

Tom（100%养老金）：

- 独立资产法
- $275K 收入，税 $0
- 资本收益完全忽略

Lisa（67%养老金）：

- 非独立资产法
- $152K 收入，税 $7,549
- 但保留缴款灵活性

选择取决于：是否完全退休、是否还缴款。

原则 3：独立资产法强大但脆弱（Tom 的 $5K 惊险）

强大：100%免税，资本收益忽略

脆弱：任何缴款破坏全年免税

Tom 的 $5K 差点毁掉全年 $275K 免税。

生存法则：

- 6 月 20-30 日禁止任何缴款
- 大额处置前确认 100% 状态
- 完全退休才用独立法
- 还在缴款用非独立法

原则 4：NALI/NALE=终身 45% 烙印

四个案例的放大倍数：

案例	错误金额	总损失	放大倍数
Jennifer	$15K /年差价	$191K	12.7 倍
Michael	$100K 免费服务	$102K	1.02 倍
Karen	$10K /年免费使用	$720K	72 倍

一般 NALI（Karen）：毁掉整个资产

特殊 NALI（Michael 的贷款例）：只影响利益部分

NALE（Michael）：影响成本+Div 7A

原则 5：公平交易是唯一安全区

公平交易 = 无关方 + 市场价 + 正常条款

避免一切相关方优惠：

- 低价租金
- 免费服务
- 低息贷款
- 免费使用
- 任何 "帮忙"

要帮家人，直接给现金，别碰 SMSF。

5.5 SMSF 税务年度检查清单

检查项	问题	行动
全年养老金状态	是否 100%处于养老金阶段?	是 → 使用独立资产法 / 否 → 使用非独立资产法
市场价值验证	所有关联方交易是否以市场价格进行?	是 → 继续 / 否 → 修正交易条款
缴款计划	还会缴款吗?	会 → 使用非独立资产法\ 不会 → 可使用独立资产法
资产处置	何时卖资产?	养老金阶段处置 → 免 CGT
相关方交易	有相关方租赁?	确认市场价\保留独立估值证据
免费服务	有免费服务吗	立即改为市价收费\补签正式合同
混合使用	相关方使用基金资产	按市场价收费\或进行完全隔离
关联贷款	是否从关联方借款?	确认市价利率\保留银行比价证明

精算证明	使用非独立资产法?	报税前取得精算证明
6 月操作	6 月 20--30 日有缴款吗?	延至 7 月 1 日后\
年度审查	是否存在 NALI 风险?	所有相关方交易

第五章总结：$1,065,500 的税务智慧

六个案例，六个教训，价值 $1,065,500：

1. Steve：4 天延迟，$45,000 损失

→ 养老金开始日期精确到日

2. Jennifer：三年三税率，最终 $191,250 损失

→ 60 岁立即养老金，永不 NALI

3. Tom：$5K 差点毁全年

→ 独立法禁止 6 月缴款

4. Lisa：$7,549 换灵活性

→ 非独立法适合过渡期

5. Michael：免费服务 $102,000

→ 相关方必须市价

6. Karen：$10K 变 $720K

→ 一般 NALI 毁整个资产

累计损失：$45K + $191K + $0（Tom 幸运）+ $7.5K + $102K + $720K = $1,065,500

这不是数字游戏，这是真实的退休金损失。

最后的忠告：

SMSF 税务的三个基本问题：

1. 你在哪个税率世界？（0% / 15% / 45%）

2. 你用哪种 ECPI 方法？（独立 / 非独立）

3. 你有 NALI 风险吗？（公平交易？）

答对这三个问题，你就掌握了 SMSF 税务的核心。

答错任何一个，你可能损失数万甚至数十万。

时机、方法、交易性质--这就是 SMSF 税务的全部秘密。

第六章 SMSF 保险实战指南

三位专业人士。三种决策。灾难降临时，三种截然不同的结局。

从零开始构建完整的 *SMSF* 保险体系

三个家庭的真实案例，揭示保险规划的每一个细节

序章：三个 40 岁的人，三种命运

三个 40 岁的人，三种命运

2024 年，三位 40 岁的专业人士各自拥有 SMSF，账户都约 $850,000。他们对保险的态度截然不同：

James（外科医生）："我有人寿险和 IP，保障足够了。TPD 每年$8,000，太贵，不值得买。"

- 人寿保险：$1,000,000
- 收入保障险（IP）：年收入 75%，赔付期 2 年
- 没有购买 TPD 保险（每年省$8,000）
- SMSF 账户：$850,000

Sarah（建筑师）："我只买最基本的人寿保险，便宜就行。"

- 人寿保险：$1,500,000（最低保额）
- 年保费：$3,000
- SMSF 账户：$848,000

David（IT 总监）："我要全面保障，保护家人。"

- 人寿保险：$2,000,000
- TPD（任何职业）：$1,000,000
- 收入保护：$10,000/月
- 年保费：$15,000
- SMSF 账户：$835,000

2026 年，命运之神改写了三人的人生 …

人物	事件	保险配置	结果
James	骑车被撞，脊椎受伤	无 TPD 保险，IP 仅赔付 2 年，SMSF $850K	7 年内耗尽积蓄，被迫卖房
Sarah	突发脑溢血去世	人寿$1.5m（最低保额）	保险不足，房贷未清，子女教育难以为继
David	车祸双腿骨折，6 个月无法工作	人寿$2M+TPD$1M+收入保护$10K/月	收入保护赔$60K，6 月后康复

一年后，David 说："那年 $15,000 保费，换来了 $60,000 理赔和内心平安。James 和 Sarah 的家庭，至今还在挣扎。"

这三个故事是真实的。它们揭示了 SMSF 保险的核心真理：不是要不要买，而是如何买对。

6.1 SMSF 保险的三大核心目的

目的一：增强成员福利------James 的$800K 如何 7 年耗尽

James 的七年倒计时

2023 年，42 岁的 James（外科医生）SMSF 账户 $850,000。他有$100 万人寿险和收入保障险（IP，赔付 2 年），但拒绝了 TPD 保险。同事曾建议："你应该买 TPD 保险。"

James 自信地拒绝："我才 42 岁，每周健身 3 次。我是外科医生，我的手很稳。已经有人寿险和 IP 了，TPD 每年$8,000 太贵，不值得。"

同事警告："IP 只赔 2 年，万一永久丧失工作能力呢？2 年后你靠什么生活？"

James 打断："我算过了。$850K 按 7%回报，每年 $59K，加上 IP 赔付的 2 年，过渡期够了。"

2025 年 3 月，James 骑自行车上班，被闯红灯的车撞倒。脊椎严重受伤，医生诊断：永久无法恢复，不可能再工作。

James 的财务崩溃时间表：

年份	年初余额	年收入（7%）	净提取	年末余额	备注
2025（事故当年）	$850,000	$59,500	$90,000	$819,500	收入保障险（IP）支付中，减少基金提款
2026	$819,500	$57,365	$105,000	$771,865	IP 仍在支付中
2027（IP 到期）	$771,865	$54,030	$180,000	$645,895	IP 到期，全部开支由 SMSF 承担

2028	$645,895	$45,213	$180,000	$511,108	取消孩子私校
2029	$511,108	$35,777	$180,000	$366,885	出售度假物业应急
2030	$366,885	$25,682	$180,000	$212,567	开始动用应急资产
2031	$212,567	$14,880	$180,000	$47,447	无法偿还房贷
2032（SMSF耗尽）	$47,447	$3,321	$50,767	$0	被迫出售房产，家庭陷入危机

- 危机：无力支付房贷

  2032 年 3 月：

- 被迫出售房产
- 妻子精神崩溃，需要心理治疗
- 两个孩子（现在 13 岁和 15 岁）转入公立学校
- James 每天坐轮椅看着家庭分崩离析

  如果 James 有 $1M TPD 保险：

- 2025 年理赔：$1,000,000
- SMSF 总资产：$1,850,000
- 年收入（7%）：$129,500
- 完全覆盖家庭开支 $120,000

- 房子保住，孩子继续私校
- 家庭生活质量不变

James 在轮椅上对来访的同事说："我省了 6 年× $8,000=$48,000 保费。现在我失去了房子、孩子的教育、妻子的健康。如果时光倒流，我愿意付 10 倍保费。"

这个案例的数字是真实的。它揭示了一个残酷的数学真相：$800K 听起来很多，但面对永久丧失工作能力，它只能支撑 7-8 年。

目的二：创造流动性------Robert 的 LRBA 困境

Robert 的$1.45M 流动性危机

2022 年，Robert 的 SMSF 用 LRBA（有限追索权借款安排）购买 $2M 商业物业：

- 贷款：$1.5M（75% LVR）
- 自有资金：$500K
- 租金收入：$140K/年
- 贷款还款：$110K/年
- SMSF 净现金流：$30K/年

Robert 的保险规划：

- 人寿保险：$2M（想着 "保障家人 "）
- 但没考虑 "偿还贷款 "的问题

2024 年 2 月，Robert（58 岁）突发心脏病去世。

SMSF 现状：

- 商业物业：$2.2M（升值）
- 贷款余额：$1.45M
- 现金：$55K
- 人寿保险即将赔付：$2M

问题来了：

银行的要求：

"Robert 先生已去世，根据贷款合同条款，我们要求 90 天内全额偿还 $1.45M 贷款。"

Robert 妻子 Linda 作为受托人的困境：

选项 A：用保险 $1.45M 还贷

- 保险 $2M - 贷款 $1.45M = 剩余 $550K
- 加上物业 $2.2M
- 总资产：$2.75M
- 问题：Linda 能保留物业继续出租
- 但现金只剩 $550K，不够养老

选项 B：卖掉物业还贷

- 卖价 $2.2M - 贷款 $1.45M = 净得 $750K
- 加上保险 $2M
- 总现金：$2.75M
- 但触发 CGT：
  - 成本基础：$2M
  - 售价：$2.2M
  - 资本收益：$200K
  - CGT：$200K × 15% = $30K（累积阶段）
- 实际净得：$2.72M

选项 C：Linda 用个人资金还贷

- Linda 需要拿出税后 $1.45M 还 SMSF 贷款
- 但 Linda 哪有这么多现金？
- 即使有，用税后钱还 SMSF 贷款极不划算

Linda 的实际决策（基于理财顾问建议）：

阶段 1：立即支付死亡抚恤金

- 将保险 $2M 的 $1.5M 支付给 Linda（免税）
- Linda 收到现金 $1.5M

阶段 2：Linda 借钱给 SMSF 还银行贷款

- Linda 借 $1.45M 给 SMSF
- SMSF 用这笔钱还清银行
- Linda 持有 SMSF 的债权

阶段 3：SMSF 逐步还 Linda

- SMSF 保留物业，继续出租
- 租金 $140K/年
- 每年还 Linda $100K（10 年还清）
- Linda 每年收 $100K 租金收入（需交个人税）

更优方案（如果 Robert 提前规划）：

正确的保险结构：

- 人寿保险 $1.5M 在 SMSF（足够还贷+余额）
- 额外 $500k 保险在个人名下（给 Linda 生活费）

这样的好处：

- SMSF 保险 $1M 直接还贷
- 个人保险 $1M 给 Linda 免税
- 物业保留在 SMSF 继续出租
- 不需要复杂的借贷安排

Robert 的理财顾问后来说："如果 Robert 生前咨询过我，这个规划很简单。但他只想着 '买 $2M 保额够了'，没想过 '钱要怎么用'。结果虽然钱够，但用起来很麻烦。"

这个案例揭示：LRBA+保险规划，必须考虑流动性。不是保额够就行，而是现金要能应对债务。

目的三：保护实物资产------Emma 的 Giovenco 教训

Emma 的$1.8M 公共责任噩梦

2020 年，Emma 的SMSF 购买了一处 $1.2M 投资房产在 Bondi。她很谨慎地购买了：

- 建筑保险：$500K（火灾、自然灾害）
- 财产保险：$50K（内部设施）

  但她忽略了一项关键保险：公共责任险。

  Emma 想："这是投资房，有租客保险。我为什么需要公共责任险？"

  2021 年 8 月，Emma 雇了一个水管工 Bob 修理漏水。

  事故发生：

- Bob 在修理阁楼水管时，踩穿了天花板
- 从 3 米高处摔下
- 脊椎严重受伤，永久瘫痪

  Bob 的家人起诉：

- 被告：Emma 的 SMSF（作为房产所有者）
- 索赔：$2,500,000

  - 医疗费用：$500K

  - 终身护理费用：$1,500K

  - 收入损失：$400K

  - 精神损害：$100K

  法院判决（基于 Giovenco v Dick [2010] NSWDC 4 类似案例）：

  "房产所有者有义务确保工作环境安全。阁楼地板老化，缺乏警示。房产所有者有责任。"

  判决：Emma 的 SMSF 支付 $1,800,000（70%责任）

  Emma 的财务崩溃：

- SMSF 总资产：$1.5M（含房产 $1.2M）
- 判决金额：$1.8M
- 缺口：$300K

  SMSF 被迫：

1. 卖掉 Bondi 房产：$1.2M

2. 清空所有其他投资：$300K

3. Emma 个人补足：$300K（税后钱）

Emma 的人生轨迹改变：

- 原计划 60 岁退休，SMSF $2M
- 现在 SMSF 清零，必须工作到 67 岁
- 还要偿还 $300K 个人债务

如果 Emma 有公共责任险：

- 年保费：$800
- 保额：$5M
- 保险赔付：$1.8M
- Emma 的 SMSF：完全不受影响
- 10 年保费成本：$8,000

Emma 后来接受采访："我为了省 $800/年，损失了 $1.8M 和 7 年退休时光。现在每次看到 Bondi 海滩，我都想哭。"

Giovenco 案的启示：

2010 年真实案例 Giovenco v Dick：

- 房产所有者雇佣维修工
- 维修工在工作中受伤死亡
- 遗孀起诉房产所有者
- 法院判决房产所有者部分责任
- 赔偿数十万澳元

澳大利亚法律明确：房产所有者对在其物业工作的人员有 duty of care（注意义务）。即使雇佣了有保险的承包商，房产所有者仍可能承担责任。

SMSF 必须的保险清单：

1. 建筑保险（Building Insurance）

- 覆盖：火灾、自然灾害、结构损坏

- 必须：拥有房产的 SMSF

2. 财产保险（Contents Insurance）

- 覆盖：内部设施、固定装置

- 建议：所有投资房

3. 公共责任险（Public Liability）

- 覆盖：第三方人身伤害、财产损失

- 强烈建议：$5M- $10M 保额

4. 收藏品保险（Collectibles Insurance）

- 法律要求：购买后 7 天内必须投保

- 适用：艺术品、古董车、邮票、葡萄酒等

- 依据：SIS Reg 13.18AA

这三个案例揭示：SMSF 保险不是单一目标，而是三维保护网------人、债、物。

6.2 SMSF 保险：你能买什么？

当前规则下，SMSF 只能购买符合"释放条件"的保险。这不是限制，而是聚焦。让我们看看每种保险的实战策略。

保险类型	SMSF 可持有	说明
人寿保险	√ 是	税务高效；保费可由基金抵扣
TPD 保险（任何职业）	√ 是	必须使用「任何职业」定义

TPD 保险（自己职业）	X 否（SMSF 内）	必须在 SMSF 外持有；不满足 SIS 法案释放条件
收入保障险	√ 是	SMSF 内允许持有；有具体的赔付结构要求
重大疾病险／创伤险	X 否	不满足释放条件；必须在 SMSF 外持有
建筑／财产险	√ 是（持有房产时）	标准房产保险；与释放条件无关
公共责任险	√ 是（持有房产时）	极为重要；常被忽视
收藏品保险	√ 是（强制要求）	依据 Reg 13.18AA，购买后 7 天内必须投保

6.2.1 人寿保险：SMSF 保险的基石

Sarah 的$1.5M 人寿保险：足够吗？

2023 年，40 岁的 Sarah（会计师）设立 SMSF，理财顾问建议："至少买 $1.8M 人寿保险。"

Sarah 犹豫："我才 40 岁，要这么高保额吗？"

理财顾问给她算了一笔账：

Sarah 的家庭财务需求：

- 房贷余额：$600,000
- 孩子教育（两个，5 岁和 7 岁）：
  - 私校到 18 岁：$400,000

- 大学：$200,000

- **配偶生活费（至 67 岁退休）：**

  - 每年 $60,000 × 27 年 = $1,620,000

- **葬礼费用：$20,000**

- **总需求：$2,840,000**

  Sarah 的现有资产：

- **SMSF：$500,000**

- **家庭储蓄：$100,000**

- **房产净值：$400,000（$1M 房子- $600K 贷款）**

- **总资产：$1,000,000**

  缺口：$1,840,000

  理财顾问："所以你需要至少 $1.8M- $2M 人寿保险。我建议 $2M，给家人一些缓冲。"

  Sarah 最终决定：$1.5M（妥协了保费成本）

  2025 年悲剧：

  Sarah 突发脑溢血去世（42 岁）。

  保险赔付：$1,500,000

  SMSF 总资产：$2,050,000（$1.5M 保险+ $550K 账户）

  配偶 Tom 的财务规划：

  理财顾问建议：

  "Tom，Sarah 的 SMSF 现在有 $2.05M。我们这样规划：

  1. 立即偿还房贷 $600K

  2. 设立教育信托 $600K（孩子专用）

  3. 剩余 $850K 给你开死亡抚恤金收入流

  每年从 $850K 提取 $51K（6%），加上你的工资 $80K，家庭年收入 $131K，足够维持生活水平。

孩子教育信托每年提取 $46K（私校学费），18 岁后转大学费用。

"

10 年后（2035 年）：

- Tom 52 岁，继续工作
- 两个孩子 17 岁和 19 岁，顺利完成私校教育
- 大儿子刚进入悉尼大学
- 死亡抚恤金收入流余额：$920K（继续增长）
- 教育信托余额：$280K（足够完成大学）
- 房子已还清，无债务

Tom 后来说："Sarah 的 $1.5M 保险改变了我们的命运。虽然不够覆盖所有需求，但至少保住了房子和孩子的教育。如果她买了 $2M，我们会更轻松。"

人寿保险额度计算公式：

所需保额 = 债务 + 教育费用 + 生活费缺口 - 现有资产

债务：房贷、车贷、个人贷款

教育费用：私校 $200K/孩子 + 大学 $100K/孩子

生活费缺口：（年度开支-配偶收入）× 年数

现有资产：SMSF + 储蓄 + 其他投资（不含主要住房）

绝症福利的 24 个月陷阱

Robert 的 24 个月绝症陷阱

2024 年，65 岁的 Robert 被诊断晚期肺癌。

第一次诊断（2024 年 3 月）：

- 肿瘤专家："预期寿命 30 个月。"
- 全科医生："同意，30 个月。"

Robert 向 SMSF 的 $1M 人寿保险申请绝症福利。

保险公司拒绝：

"根据 SIS 释放条件，绝症定义要求：

1. 两名注册医生证明

2. 其中一名必须相关领域专科医生

3. 预期寿命≤24 个月

4. 福利必须在证明后 24 个月内支付

你的预期寿命 30 个月，超过 24 个月上限。拒绝。"

Robert 震惊："我明显活不了多久！30 个月和 24 个月有什么本质区别？"

保险公司："我们理解你的情况，但规则明确规定≤24 个月。这是法律要求，不是我们的政策。"

Robert 的困境：

- 癌症治疗每月 $8,000
- Robert 已无法工作
- 家庭储蓄 $120,000
- SMSF $450,000（累积阶段，他还没开始养老金）

Robert 只能：

1. 申请提前释放 SMSF 累积余额（compassionate grounds）

2. 每次最多 $10,000

3. 需要反复申请

4. 过程繁琐，压力巨大

6 个月后（2024 年 9 月）：

病情恶化，新的医疗证明：

- 肿瘤专家："预期寿命 18 个月。"
- 全科医生："同意，18 个月。"

这次保险公司批准了绝症福利 $1M。

Robert 收到钱时说："这 6 个月的等待和不确定性，比癌症本身更折磨人。如果当初医生说 24 个月，一次性就解决了。"

2025 年 5 月，Robert 去世（确诊后 14 个月）。

实际寿命：14 个月

第一次预测：30 个月（差 16 个月）

第二次预测：18 个月（差 4 个月）

Robert 的妻子后来说："医生的预测本就不准确。30 个月、24 个月、18 个月，都是估算。为什么要用这个不确定的数字作为硬性门槛？Robert 明明活不了多久，却因为超过 24 个月被拒绝。这 6 个月的精神折磨，加速了他的死亡。"

绝症福利实战建议：

1. 首次诊断时，告诉医生保险要求

"医生，我的人寿保险需要预期寿命≤24 个月的证明，请在评估时考虑这个因素。"

2. 如果超过 24 个月，每 3 个月重新评估

癌症进展不可预测，病情可能恶化

3. 确保两名医生，其中一名专科

肿瘤专家+全科医生

心脏专家+全科医生

4. 理赔必须在证明后 24 个月内

证明日期：2024 年 3 月 1 日

必须在 2026 年 3 月 1 日前申请理赔

这个案例揭示：绝症福利的 24 个月规则，虽然是法律要求，但在实践中充满挑战。

6.2.2 TPD 保险："任何职业"vs"自己职业"

David vs Emma：两个外科医生，两种 TPD 结局

2023 年，两位医生同时设立 SMSF，都是 45 岁外科医生，都想买 $1M TPD 保险。

David 的选择（只在 SMSF 内）：

- SMSF 内：TPD "任何职业（any occupation）" $1M
- 年保费：$5,000（SMSF 优惠缴款支付，税前）
- 实际成本：$5,000 × (1-15%税率) = $4,250

Emma 的选择（SMSF+个人组合）：

- SMSF 内：TPD "任何职业（any occupation）" $600K（年保费 $3,000）
- 个人持有：TPD "自己职业（own occupation）" $400K（年保费 $6,000）
- 总保费：$9,000
- 实际成本：$3,000×0.85（SMSF）+ $6,000（个人税后）= $8,550

Emma 想："虽然贵了 $4,300/年，但 '自己职业 '保障更好。"

2026 年，命运考验来了：

David 骑车摔倒，右手严重受伤，神经损伤。虽然经过手术，但精细操作能力永久丧失，无法再做复杂手术。

医生评估：

- 不能做外科手术（需要精细操作）
- 但可以：

  - 做医学顾问

  - 做医学教育

  - 做医疗管理

  - 做临床研究

David 的 TPD "任何职业 "保单理赔结果：

保险公司拒绝：

"David 医生：

根据你的保单定义，TPD 理赔需要满足 '永久丧失能力'， 并且基于教育背景，工作经验不太可能从事任何有报酬的工作。

你的背景：

- 医学学位（MBBS）
- 外科专科训练
- 20 年临床经验

你现在可以从事：

- 医学顾问：年薪 $180K
- 医学教育：年薪 $150K
- 临床研究：年薪 $160K

你并未丧失从事所有有报酬工作的能力。拒绝理赔。 "

David 崩溃了：

- 做外科医生年收入 $450K
- 转行做顾问年收入 $180K
- 收入损失 $270K/年
- 但保险不赔！

同一时间，Emma 也出事了：

车祸导致腰椎受伤，无法长时间站立，无法做手术。

Emma 的 "自己职业 "保单（个人持有）理赔：

保险公司批准：

"Emma 医生：

根据你的 '自己职业 '保单定义：由于受伤，你无法从事外科医生职业的主要职责。

理赔批准： $400,000 "

Emma 同时申请 SMSF 的 "任何职业 "保单：

保险公司拒绝：

"和 David 案例相同，你仍可从事医学相关其他工作。 "

对比项	David	Emma
收入变化	$450K → $180K	$450K → $180K
年收入损失	$270K/年	$270K/年
保险赔付	$0	$400K（"自己职业"保单）
多付保费	--	$4,300/年×3 年= $12,900
净得	$0	$387,100
累计损失（20 年）	$5.4M	已获$400K 缓冲

Emma 后来说： "那 $400K 改变了一切。虽然收入降低了，但至少有一笔钱让我重新规划人生。David 什么都没有，他现在后悔得肠子都青了。 "

实战策略：双层 TPD 保障

推荐组合（专业人士）：

1. SMSF 内： "任何职业 "TPD（基础保障）

- 保费税前支付

- 理赔进入养老金系统

- 保额： $600K- $800K

2. 个人持有： "自己职业 "TPD（核心保障）

- 保费税后支付

- 理赔直接给个人

- 保额： $400K- $600K

适用职业：

- 外科医生、牙医
- 飞行员
- 专业运动员
- 音乐家
- 精密仪器操作员

对于这些职业，"自己职业"保障至关重要，因为即使不能从事本职工作，仍可能从事其他工作。

第七章 缴款与养老金支付：李明的 SMSF 之旅

资金如何进入——以及如何取出——而不摧毁你所建立的一切。

开篇故事：李明的困惑

45 岁的李明在悉尼经营一家建筑公司。2023 年，他设立了 SMSF，希望为退休做准备。第一次缴款就踩了"年末陷阱"：他在 6 月 30 日晚上通过网银转出 $50,000 个人缴款，自以为稳稳算进 2022–23 财年。但由于银行清算，这笔款项直到 7 月 1 日才实际进入 SMSF 的银行账户。会计随后在 7 月完成入账与分配。结果，这 $50,000 被视为 SMSF 在 2023–24 财年收到的缴款，自然也就计入 2023–24 的缴款上限。李明不解："我明明 6 月 30 就转了，为什么要算到下一年？"答案只有一句：缴款归属看的不是你发起转账的日期。

7.1 缴款的"28 天规则"------时间就是金钱

李明的困惑源于一个关键规则：SIS 法规 7.08 规定，受托人接收缴款后，必须在月末后 28 天内分配到成员账户。

实战解析：为什么时间如此重要？

情况	结果
李明：6 月 30 日转入	应在 7 月 28 日前分配
实际：7 月 15 日才分配	符合 SIS 规定（在合理时间内）
TD 2013/22 规定	分配时确定计入哪个财年
结果判定	计入 2023--24 财年

李明学到的教训

后来李明明白了：要控制缴款计入哪个财年，关键不是何时转钱，而是何时分配。他现在每年 6 月初就联系会计，确保缴款能在 6 月 28 日前分配到账户。

7.2 什么算缴款？------张女士的实物捐赠风波

张女士的故事

张女士拥有一处价值 $800,000 的商业物业。2024 年，她以 $600,000 的价格将物业 "出售 "给自己的 SMSF，并告诉会计：差额 $200,000 算作实物捐赠。三个月后，ATO 发来通知：由于合同未明确区分购买和捐赠部分，整笔交易被视为非独立交易，物业产生的所有收入将按 45%税率征税（NALI）！张女士傻眼了：这意味着每年 $60,000 租金收入要交 $27,000 税，而不是原来的 $9,000。

TR 2010/1：缴款的三种形式

缴款类型	例子
直接缴款	现金转账；实物资产转移
间接缴款	免费为基金装修物业；免除基金债务
非缴款	资产收益；保险赔付；公平交易租客装修

避免 NALI 的正确做法（LCR 2021/2）

✘ 错误方式（张女士的做法）：

合同写："出售价格$600,000"，口头说剩余$200,000 是捐赠。

√ 正确方式：

合同明确写明："SMSF 以$600,000 购买 75%产权，张女士以 $200,000 实物捐赠剩余 25%产权。"基金记录必须清楚显示这一安排。

张女士的补救

张女士最终花费 $15,000 请律师重新起草文件，并申请了 ATO 私人约束裁决（PBR）确认安排符合规定。她学到的教训是：实物捐赠必须从一开始就做对，事后补救成本高昂且不保证成功。

7.3 提前规则：非优惠缴款 non-concessional contribution 的三年期

提前规则允许符合条件的成员——即在财政年度开始时未满 75 岁者——在单一年度内缴纳最多三倍年度非优惠缴款 上限的金额，或在滚动三年期内分批缴纳。以 2025-26 财年每年$120,000 的上限为基准，这意味着最高可一次性缴纳$360,000（或在三年内分批缴纳合计 $360,000），但须确保成员的养老金总余额不超过相关门槛。

三年期一旦触发，便不可撤销。如果你在第一年缴纳了$360,000，则在接下来两个财政年度内，你已用尽非优惠缴款 额度。第二年或第三年内的任何进一步个人缴款，都将构成超额非优惠缴款 。许多受托人在理论层面理解这一点，却在意外收入到来时，未能规划好其实际影响。

提前规则的适用门槛会随指数化而调整。本章撰写时的数字，到你阅读时可能已有变化。在进行大额缴款前，务必核实当前的最新门槛。这不是出于职业谨慎的免责声明，而是对此领域法规变化速度的如实陈述。

7.4 税务组成部分------王先生退休前的最后准备

王先生的退休计划

60 岁的王先生准备退休。他的 SMSF 有 $1,200,000，其中 $400,000 是免税部分（他 2007 年前的缴款），$800,000 是应税部分。他想知道：如果现在提取 $500,000 作为一次性付款，需要交多少税？理财顾问告诉他："一分钱都不用交！"王先生很惊讶：为什么 $800,000 的应税部分也免税？

比例规则的魔力

王先生的 SMSF 处于累积阶段。福利支付前，账户立即估值，然后按比例应用：

项目	金额/结果
账户总额	$1,200,000
免税部分	$400,000（33.3%）
应税部分	$800,000（66.7%）
提取金额	$500,000
其中：免税部分	$166,500
其中：应税部分	$333,500
实际税款	$0（成员 60 岁以上，养老金免税）

如果王先生先开始养老金呢？

假设王先生在 59 岁时开始了基于账户的养老金。当时账户还是 $1,200,000（同样比例）。一年后他 60 岁，账户因投资增长到 $1,300,000。他想提取$500,000。

关键区别：

养老金阶段的比例在开始时就固定了！无论账户现在值多少，永远是 33.3%免税、66.7%应税。

王先生的感悟

"原来在累积阶段提取和养老金阶段提取，税务处理差别这么大！幸好理财顾问帮我规划好了时间，否则可能多交不少税。"王先生现在每年都会检查自己的税务组成部分，确保优化退休收入。

案例：Marcuss 与 Jenny——主动构建免税部分

Marcuss 今年 58 岁，计划 62 岁退休。他的 SMSF 资产总值 $1,400,000——其中应税部分$940,000，免税部分$460,000（约 33% 为免税）。他的成年女儿 Jenny 不是养老金目的下的受抚养人。

Marcus 的顾问设计了两个方案。方案一：Marcus 不做任何改变，Jenny 以一次性付款形式获得死亡抚恤金。应税部分约$940,000，Jenny 须缴 15%税款——即$141,000。方案二：Marcus 在接下来四年里最大化非优惠缴款 （在符合条件时使用提前规则），将免税比例从 33%提升至约 52%。对于同等总额的死亡抚恤金，Jenny 的税单约为 $91,000。差额：$50,000——仅通过结构规划，而非投机交易实现。

这个案例揭示了一个被大多数受托人低估的事实：养老金的税务组成比例不是固定不变的——它可以通过有意识的规划，在合法范围内主动优化。每一笔非优惠缴款，都是在为未来的受益人（无论是自己还是家人）积累免税资产。

7.5 提款框架 Withdrawal Framework：释放条件

如果说前面几节讲的是资金「如何进入」养老金，这一节讲的则是「何时才能出来」。答案取决于一个核心概念：Condition of Release（释放条件）。养老金不是活期账户，不能随意动用——这正是它能成为强大退休工具的根本所在。

常见的释放条件包括：达到 Preservation Age（目前为 60 岁）并退休；满 65 岁（不管有没有退休）；永久性残疾；绝症；死亡；以及特定的经济困难情形。在满足这些条件之前，养老金资产受法律保护、不得提取——这也是 SMSF 能在一定程度上抵御债权人追索的原因之一。

对 SMSF 受托人来说，「何时开始领取养老金」不仅是合规问题，更直接影响税务结果。开始早了可能违规，开始晚了则可能错失免税窗口。这正是专业顾问价值最集中的地方之一——帮你精确踩到那个「对的时间点」。

7.6 以房养老缴款 Downsizer Contribution：退休房产权益变现

澳洲养老金制度里，有一条格外「大方」的政策：Downsizer Contribution。只要年满 55 岁，卖掉自住房之后，就可以把最多 $30 万（夫妻合计最多 $60 万）的卖房所得缴入养老金——而且完全不受普通缴款上限的限制。

适用的门槛不复杂：房产须持有满 10 年；你或配偶曾在该房产居住；卖出后 90 天内完成缴款。关键一点 ——Downsizer Contribution 虽然会计入 Transfer Balance Cap（进入养老金领取阶段时），但不占用 Non-Concessional Contribution 上限。也就是说，就算余额已超 $200 万、NCC 通道已关闭，Downsizer 这扇门依然开着。

案例：许先生夫妇——$60 万以房养老缴款策略

许先生 68 岁，许太太 65 岁，在悉尼内西区住了 32 年的老房子以 $285 万成交。两人的 SMSF 资产合计约 $140 万，此前都从未动用过 Downsizer Contribution。

在理财顾问建议下，两人各自在交割后 90 天内向 SMSF 缴款 $30 万（ATO 在特殊情况下可延长这个时间窗口）。基金总余额出此升至约 $200 万，剩余房款用来置换了一套较小的住宅，顺带消除了许先生多年来的贷款压力。

这 $60 万缴款无需缴纳缴款税，也不占用任何缴款上限。两人随后各以自己的份额开启 Account-Based Pension。进入退休阶段后，基金的投资收益依据 ECPI 规则享受免税——这正是 Downsizer

Contribution 相比把钱留在养老金体系之外，能大幅改善税后退休收入的核心原因。

7.7 养老金分割 Super Splitting：平衡"转移余额上限"

夫妻共同经营一个 SMSF，退休时却发现账户严重失衡——一方将满，另一方几乎是空的。这种情形比你想象的更普遍，背后往往是多年来一方全职赚钱、另一方兼职或照顾家庭的现实写照。问题很具体：余额高的一方可能已接近 Transfer Balance Cap，超出部分无法享受养老金阶段的免税待遇；余额低的一方 Cap 额度则白白闲置。

Super Splitting 的操作是：把本财年已缴税的 Concessional Contribution 中最多 85% 的部分，申请转入配偶的养老金账户（具体上限为 CC 的 85% 与 CC 上限两者中的较低值）。Non-Concessional Contribution 无法分割，接受方配偶也须符合年龄和退休状态的资格条件。

越早开始分割，效果越好。如果一方长期获得更高的雇主缴款或 Salary Sacrifice，经过 15 到 20 年的持续操作，双方余额可以实质性地趋于均衡——让夫妻俩在退休时都能充分利用各自的 Transfer Balance Cap，最大化养老金阶段的免税空间。

7.7a Salary Sacrifice：精确操作的利器

Salary Sacrifice 是打工族提升 Concessional Contribution 最直接的方式：和雇主协议好，把税前薪资的一部分以额外雇主缴款的名义打入养老金。这笔钱按 15% 缴款税进账，而非按你的边际税率——收入越高，节税效果越明显。

有一点要注意：Salary Sacrifice 协议必须在薪资「赚到之前」以书面形式确认，不能事后追溯。已经到手或已经累积的薪资，不能再做 Salary Sacrifice 处理。

做 Salary Sacrifice 有三个常见的坑，很容易踩。第一：算错空间。Concessional Contribution 总额（SGC + Salary Sacrifice + 其他优惠缴款）不能超过 $30,000 上限（2025-26 财年），除非有 Carry Forward 额度可用。我见过高收入者设了每月 $2,500 的 Salary Sacrifice，却不知道雇主 SGC 已占用 $24,000，实际只剩 $6,000 空间，结果超额。第二：以为能降低 Centrelink 收入。许多福利的收入测试用的是「调整后应税收入」，会把 Reportable Employer Super Contribution（包括 Salary Sacrifice）加回来，实际影响往往是中性的，有时甚至略微不利。第三：一劳永逸。上限或 SGC 比率一旦调整，协议就要重新检查。每年年初花几分钟核对一下，省得年底懊悔。

7.7b 补缴规则：五年累积机会 Carry Forward

从 2018 年 7 月 1 日起，只要上一年 6 月 30 日养老金余额低于 $50 万，就可以把过去五年没用完的 Concessional Contribution 上限累积起来，在收入高的年份一次性补缴——这就是 Carry Forward 规则。举个例子：某年你只缴了 $15,000 CC（当时上限 $27,500），未用的 $12,500 可以留着，等哪年收入更高时再补上。

这个规则对曾中断职业、长期兼职或经历低收入阶段的人特别有价值——让你在赚得多的年份，把之前「空缺」的税收优惠额度补回来。具体还剩多少可用额度，建议登录 ATO 网上服务查询，或请会计帮你核对，因为每个人情况不同，数字会随时间变化。

7.8 转移余额上限------陈先生的$2m 烦恼

陈先生的失误

2023 年 7 月，65 岁的陈先生满心欢喜地把 $210 万全部转入 Account-Based Pension，开始退休生活。三个月后，ATO 的信来了：「你的 Transfer Balance Cap 超额 $10 万，必须在 60 天内将超额部分转回累积阶段。」陈先生傻眼——他刚用这笔钱买了一处商业物业，哪里去找 $10 万现金？

转移余额上限基础

概念	说明
一般上限	$2,000,000（自 2025--26 财年）
个人上限	首次开始退休收入年度的常见最高额度
陈先生情况	2025 年首次开始退休阶段收入流
适用个人上限	$2,000,000
超额处理	超额$100,000 必须转回（commute）

LRBA 还款的隐藏陷阱

更糟糕的是，陈先生计划用累积账户的现金偿还 LRBA 贷款。会计紧急叫停："等等！如果你用累积阶段的钱还养老金资产池的贷款，这会产生转移余额账户贷记------相当于又增加了转移余额！"

正确做法：

先减少$100,000 回累积阶段，再用这$100,000 还贷款。或者，重新调整资产配置，确保还款来自同一阶段。

陈先生的教训

陈先生最终不得不卖掉部分投资组合中的股票来筹措 $100,000 现金减刑。这次经历让他明白：开始养老金前，必须精确计算转移余额上限。他现在每年都会检查自己的转移余额账户，避免再次超限。

案例：林先生夫妇——$19 万的排序代价

林先生 63 岁，林太太 61 岁。两人共同建立了一个 SMSF，资产约$420 万——林先生账户约$240 万，林太太约$180 万。林先生 65 岁决定开始基于账户的养老金时，顾问建议他将全部$240 万转入养老金阶段。

这个错误看似简单，实则代价惨重。林先生的转移余额上限为$200万。他转入了$240万，超额$40万。ATO评估了超额转移余额，并就超额部分在养老金阶段期间的名义收益征收收益税。由于错误在11个月后才被发现——直至年度审计时才被识别——这些收益已大量积累。

最终缴纳的超额转移余额税约$47,000。林先生被要求将$40万从养老金阶段转回累积阶段，日后该部分的收益须缴纳15%的税。按照林先生退休后的预计年限估算，长期累计的前瞻性成本，相比正确结构安排下的情形，额外增加约$143,000的税负。

如果当时安排正确，解决方案几乎简单得令人难以置信：将$200万转入养老金阶段，留$40万在累积阶段。这$40万在累积阶段按15%缴纳收益税——不是零，但远优于另一种选择。与此同时，林太太的$180万完全可以利用她的转移余额上限，将基金整体的税效益最大化。

7.9 政府共同缴款：被忽视的免费福利

在那些大额 Concessional 和 Non-Concessional Contribution 策略的关注焦点之外，有一项真正有价值的政府福利频繁被忽略：Co-Contribution（政府共同缴款）。只要你满足条件，政府会按你每投入一元税后缴款配套五毛，每年最高 $500。说白了，这就是免费的钱——却被本可受益的人群一再忽视。

Co-Contribution 有收入门槛。2025-26 财年，年收入低于$45,400 的人可获全额 $500；超过这个数字后按比例递减，到约$60,400 时归零。对于余额不低、但某年收入偏低的成员—- 比如减少工时、转换职业，或作为主要照料者——这笔钱几乎是零成本的额外收益，值得留意。

操作很简单：用税后资金（Non-Concessional Contribution）缴入养老金，报税时如实申报，ATO 会自动计算并将 Co-Contribution 直接打入你的基金（如符合条件）。不需要填申请表，不需要复杂计算，一笔缴款加一份报税就够了。

SMSF 成员申请 Co-Contribution 的条件与普通基金成员完全相同。缴款须来自税后收入（工资、经营收入或其他应税收入）。投资收益、租金收入和资本利得不计入资格收入。

低收入养老金税收抵消（LISTO）

对于年收入不超过 $37,000 的人，还有另一项福利：Low Income Super Tax Offset（LISTO）。ATO 实质上会退还 Concessional Contribution 所缴纳的 15%缴款税，每年最高 $500。设计初衷很直接：确保低收入者不会因为养老金税制，反而处于比不缴款更不利的境地。

对于处于低收入年度的受托人，LISTO 加上 Co-Contribution，单一财年最多可为养老金带来 $1,000 的政府支持，几乎不需要额外付出。相对于 SMSF 的规模，这些数字也许不起眼——但这种系统性、低投入的持续优化，正是积极受托人与消极受托人的分水岭。

7.9a 配偶缴款：被忽视的平衡工具

Spouse Contribution 允许高收入一方向配偶的养老金账户缴款，并享受个人税务抵消。2025-26 财年，若配偶收入低于 $37,000，最多缴入 $3,000 可享受 18%税务抵消，即最高减税 $540。

税务抵消本身不算大，但战略价值可以很显著。Spouse Contribution 配合 Super Splitting 一起用，是逐年拉平夫妻养老金余额的有效工具——而余额均衡，在退休时能带来远优于失衡分配的 Transfer Balance Cap 效果。

设想这样一对夫妻：一方年收入 $20 万，另一方 $35,000。高收入方靠 SGC 和 Salary Sacrifice 快速积累，低收入方缓慢跟进。不干预的话，退休时两人余额可能逼近 80:20——高的一方超出 Transfer Balance Cap，低的一方额度大量闲置。经过十五年持续的 Spouse Contribution 加 Super Splitting，比例可以接近 50:50——让双方都能充分利用各自的 Cap，养老金阶段理论上可多庇护 $200 万的免税资产。

7.9b 个人缴款扣除通知：自雇受托人必知

自雇的 SMSF 成员，或者用税后资金缴款、想把这笔钱申报为 Concessional Contribution 的受雇员工，有一个关键步骤经常被忽略：Notice of Intent to Claim a Deduction（缴款扣除意向通知书）。

在报税之前，你必须向 SMSF 受托人提交书面通知，声明你打算扣除该笔个人缴款，受托人须书面确认收到。只有走完这个流程，扣除才算有效。如果你先报了税、再补交通知——或者通知在扣除申报之后才到达——扣除很可能被取消。

这个步骤看上去像是多此一举——对于自己既是成员又是受托人的 SMSF 来说，甚至有点像在「通知自己」，颇为荒谬。但法律要求必须完成，顺序也必须正确。许多会计软件已将这个流程自动化，但每年年底还是值得和你的会计确认一句：通知是否已按正确顺序提交并确认。

7.9c 第 293 部分税：高收入者的优惠缴款 附加税

年收入加上 Concessional Contribution 合计超过 $250,000 的人，需要额外多缴 15%的税——这就是 Division 293 Tax（第 293 条税）。实际效果是：把优惠缴款的有效税率从 15%拉到 30%，与企业税率持平，不再比普通薪资更省税，也不比普通薪资更贵。

Division 293 Tax 向个人评估，而非向养老金基金评估。ATO 发出评估通知后，你可以选择用个人资金缴纳，或者通过 ATO 的划拨授权（release authority）从养老金中划款支付。

对于收入接近 $250,000 门槛的 SMSF 成员——尤其是收入波动较大、或正在考虑 Salary Sacrifice 与 Carry Forward 结合使用的情形——在敲定缴款策略之前，值得先对 Division 293 Tax 的影响做个建模。某些情况下，调整 Concessional 与 Non-Concessional Contribution 的比例，可能比一味追求 CC 上限更合理。

Salary Sacrifice、Concessional Contribution 与 Division 293 Tax 三者之间的相互作用，是高收入者养老金规划中技术难度最高的

领域之一。每年都需要建模，综合考量当年收入、当前缴款上限、养老金总余额，以及可结转的未用额度。这里容不下「大概差不多」的估算——在这个收入水平上，优化与次优策略之间的差距，单一年度内很容易超过 $10,000。

7.10 领取最低养老金失败------赵女士的意外

赵女士的疏忽

2023 年，68 岁的赵女士应该从 $80 万的 Account-Based Pension 里提取至少 $40,000（5%最低比例）。但她一年都在旅行，最终只提取了 $38,000。2024 年 4 月，理财顾问来电：「赵女士，出事了。因为没达到最低提取额，你的养老金在税务上被视为已停止。后果有三：基金去年所有投资收入要补缴 15%税；养老金账户回到累积阶段；如果要继续领取，必须重新开始。」赵女士愣了：就差 $2,000，要付这么大的代价？

最低养老金失败的严重后果

未达到最低标准的三重打击：

1. 收入流被视为已停止（税务目的）

2. 基金无资格申请该年 ECPI→所有收入按 15%征税

3. 转移余额账户产生借方

轻微违规豁免------赵女士的救命稻草

幸运的是，赵女士符合 ATO 的轻微违规豁免条件：

ATO 豁免的全部条件（必须同时满足）：

- 诚实错误导致的轻微少付（≤年度最低额的 1/12）

  赵女士少$2K，年度最低$40K，$2K $3,333

- 除少付外，原本会满足标准
- 发现后 28 天内补缴
- 如在前一年补缴，本应满足标准

- 将补缴视为前一年支付

赵女士的补救

会计帮赵女士在 2024 年 7 月 15 日（发现后 20 天）补缴了 $2,000，并将其视为 2023 年支付。ATO 接受了豁免申请。赵女士逃过一劫，但从此在手机上设置了提醒：每年 12 月检查养老金提取是否达到最低要求。

第七章核心启示

李明、张女士、王先生、陈先生和赵女士的故事告诉我们：

1．缴款时间：分配日期比转账日期更重要（28 天规则）

2．实物捐赠：必须在合同和记录中明确区分购买和捐赠

3．税务组成：累积阶段立即估值，养老金阶段开始时固定

4．转移余额上限：开始养老金前必须精确计算，LRBA 还款要小心

5．最低养老金：每年 12 月检查，轻微错误有补救机会

缴款与提款核心原则速查表

忽视这些原则可能代价高昂。以下是受托人最容易犯错、损失最大的八个关键点：

核心原则	忽视的后果
67 岁后缴款须记录工时测试	若无法证明工作时长，ATO 可能不承认个人缴款扣税申请
大额非优惠缴款前须检查总基金余额（TSB）	不慎超额将被征收 47%超额非优惠缴款税

禁止将住宅物业以实物方式转入基金	SIS 法第 66 条明确禁止，例外情形极为有限
开始领取养老金前须精确规划转移余额上限	可能产生超额转移余额税，并永久失去对超额部分的 ECPI 豁免
须在 6 月 30 日前完成最低养老金提取	该年度全年投资收益将失去 ECPI 豁免，意外税损可达$50,000 至 $200,000 以上
缴款须在截止日期至少 5 个工作日前发起	结算日风险：缴款可能被计入错误财政年度
须每年审查 Salary Sacrifice 安排	可能超出优惠缴款上限，对应税收入产生连锁影响
须理解死亡抚恤金的比例规则	非受抚养受益人将对应税部分缴税，合理架构可减少税负

关键提示： Steven Li 因未能提前 10 天发起 6 月缴款，遭遇审计并支付了本可避免的$31,000 成本；Emily 因不了解视同处置规则而收到$60,750 意外税单；Richard Hartley 因超出转移余额上限，支付了 $47,000 超额税并永久损失了$143,000 的税务优惠。**有效的方法是建立系统：每年 5 月与理财顾问进行一次缴款年度审查会议。45 分钟的会议，可能为您节省数万元。**

第八章 死亡抚恤金：三个家庭的不同命运

身故权益、约束性提名，以及你从未追问过的遗产问题。

引子：死亡面前的三种准备

2024 年初，三位 SMSF 成员在同一个月内不幸去世。他们都是 60 岁左右的成功商人，SMSF 账户都约 $1,500,000。但他们的家人却面临截然不同的命运：马先生的家庭陷入了为期两年的法律纠纷；林先生的儿子 Eric 收到了 $277,500 的税单；而周先生的家人三周内就顺利拿到了全部免税福利。区别在哪里？

死亡抚恤金的三种路径

在深入了解具体案例之前，理解死亡抚恤金的三种可能路径至关重要：

路径	说明
1. 具有约束力的死亡抚恤金提名（BDBN）	受托人必须遵从已故会员的书面指示，不存在任何酌情空间
2. 非约束性提名	受托人将成员意愿作为参考，但保留最终酌情决定权
3. 无提名	受托人拥有充分酌情权，可将福利支付给任何合资格受益人，比例自定

许多会员以为留下"非约束性提名"就等同于留下了清晰指示——马先生的案例将揭示这种误解的真实代价。

8.1 马先生家族：受托人酌情权的灾难

马先生的故事

马先生有一个 SMSF，他和女儿 Linda 都是受托人。马先生还有一个儿子 Daniel。马先生生前口头告诉女儿："我的 SMSF 要平分给你和 Daniel。"但没有留下任何书面文件。2024 年 1 月马先生去世后，Linda 作为唯一在世受托人，任命了自己的丈夫为第二受托人。两人随后行使受托人酌情权，将100%的死亡抚恤金（$1,500,000）支付给 Linda。Daniel 震惊了，随即提起诉讼。

受托人酌情权：双刃剑

优势	风险
✓灵活应对死亡时的实际情况	X可能违背会员原意愿
✓有利于税务优化	X幸存受托人可能存在利益冲突
✓可根据受益人需求变化调整	X可能引发家庭纠纷
适用情形	风险提示
高度信任、家庭关系稳定的家庭	Marcella、Katz 案所揭示的实务风险

Marcella 案的教训（2019 VSC 65）

马先生的案件与 2019 年的 Marcella 案极为相似。在 Marcella 案中：

- 女儿作为受托人将 100%死亡抚恤金支付给自己
- 法院认定受托人未"真实和真正考虑"其他受益人利益
- 女儿未寻求专业建议、行为任意、对职责一无所知

- 法院撤销决定并罢免女儿和其丈夫的受托人职位

马先生案件的结局

经过 18 个月的诉讼，法院判决 Linda 必须将 $750,000 支付给 Daniel，并承担双方的法律费用（约 $150,000）。Linda 不仅失去了一半福利，还支付了巨额律师费，更糟的是失去了与弟弟的关系。如果马先生当初设立了具有约束力的死亡抚恤金提名（BDBN -- Binding Death Benefit Nomination），这一切都可以避免。

8.2 林先生家族：税务陷阱

林先生的遗憾

林先生有 SMSF $1,500,000，其中 $500,000 是免税部分，$1,000,000 是应税部分。林先生有一个年满 30 岁的儿子 Eric（独立成人）。林先生设立了 BDBN，指定 100%支付给 Eric。2024 年 2 月林先生去世，Eric 顺利收到了全部 $1,500,000。然后税单来了：$300,000！Eric 震惊了："为什么这么多税？"

SIS 受抚养人 vs 税法受抚养人

受益人关系	SIS 受抚养人	税法受抚养人	备注
配偶（含法律配偶及事实婚姻配偶）	✓是	✓是	全免税；最优遗产规划目标
前配偶（离婚后前伴侣）	✗否	✓是	不可作为 SIS 受益人，但仍为税法受抚养人
未满 18 岁子女	✓是	✓是	无论是否在经济上依赖，均免税

18 岁或以上子女（独立成年，如 Eric）	✓ 是	X 否	可收到死亡福利但需缴税（如 Eric 需缴 $277,500）
经济受抚养人（在经济上依赖成员）	✓ 是	✓ 是	须证明经济依赖关系（非仅同住）
相互依存关系（紧密个人关系）	✓ 是	✓ 是	如共同生活且互相照顾；含部分残障情况
因公殉职军警受益人	X 否	✓ 是	国防军、AFP、州警察或保护服务官员

Eric 的税务计算

因为 Eric 不是税法受抚养人，他必须为应税部分交税：

组成部分	金额和税率
免税部分	500,000 × 0% = $0
应税部分（已征税元素）$150,000	× 15% = $22,500
应税部分（未征税元素）$850,000	× 30% = $255,000

合计税款	$277,500 + 医疗保险税附加税 (Medicare Levy Surcharge)

林先生的理财规划师后来告诉 Eric："如果你父亲生前提前做好规划，通过一些合法的税务策略增加养老金中的免税成分，或许可以在分配时大幅降低应缴税款。可惜现在再讨论这些，已经没有实际意义了。"

8.3 周先生家族：完美规划

周先生的智慧

周先生的 SMSF 也是 $1,500,000。但他做了充分准备：(1)设立了 BDBN，指定 90%给配偶，10%给慈善机构；(2)确保配偶是税法受抚养人；(3)每年审查和更新 BDBN。2024 年 3 月周先生去世后，他的配偶三周内就收到了 $1,350,000，完全免税。慈善机构收到了 $150,000。没有争议，没有诉讼，没有税款。

周先生做对了什么？

周先生的四大成功要素：

1．具有约束力的死亡抚恤金提名（BDBN）

→避免受托人酌情权纠纷

2．配偶作为主要受益人

→完全免税（税法受抚养人）

3．服务期 20 年

→如支付给非受抚养人，免税元素最大化

4．定期审查更新

→确保 BDBN 始终有效

Hill v Zuda 案的重要确认（2022 HCA 21）

2022 年，澳大利亚高等法院在 Hill v Zuda 案中确认：SMSF 的 BDBN 不适用 SIS 法规 6.17A，这意味着：

- SMSF 的 BDBN 无需每 3 年更新（大型基金需要）
- 一次设立可永久有效（除非会员撤销或修改）

但仍建议定期审查，确保符合当前意愿

周先生的最后建议

周先生生前曾对朋友说："设立 SMSF 容易，管好 SMSF 很难，但最难的是做好死亡规划。很多人花大力气优化投资回报，却忽略了最重要的问题：我死后这笔钱怎么办？别让你的 SMSF 成为家人的负担，而要成为你留给他们的最后礼物。"

8.4 特殊陷阱：LPR 的双重身份

黄女士的错误

黄女士是她已故丈夫遗产的执行人（LPR -- Legal Personal Representative），同时也是 SMSF 的在世受托人。她以个人身份（而非 LPR 身份）向自己支付了丈夫的 \$1,200,000 死亡抚恤金。三年后，丈夫的其他继承人起诉她，要求她将这笔钱归还遗产。法院判决：黄女士作为 LPR，有义务为遗产申领福利，而不是为自己个人。她必须退还 \$1,200,000，并支付利息和法律费用。

Burgess 和 McIntosh 案的教训

这不是理论风险。澳大利亚法院在两个真实案件中已作出裁决：

Burgess v Burgess [2014] QSC 99： 遗孀同时担任已故丈夫遗产的 LPR 和 SMSF 在世受托人，以个人受益人身份申领了\$850,000 死亡抚恤金。昆士兰最高法院裁定她作为 LPR 负有信托义务，需将款项归还遗产后再按遗嘱分配。

McIntosh v McIntosh [2014] VSC 542： 母亲作为亡子遗产的 LPR，以个人身份直接申领了 SMSF 死亡抚恤金。维多利亚最高法院裁定：她在申领时负有 LPR 受托责任，款项须归还遗产，由遗嘱执行。

两案的核心裁决如下：

案件	裁决
Burgess v Burgess [2014] QSC 99	遗孀作为 LPR 以个人身份申领死亡抚恤金→违反受托人责任→死亡抚恤金必须归还至遗产
McIntosh v McIntosh [2014] VSC 542	母亲作为 LPR 以个人身份申领死亡抚恤金→法院裁定受托人须以 LPR 身份申领→死亡抚恤金必须归还至遗产

避免 LPR 陷阱的三种方法

1．设立 BDBN，明确指定受益人的身份

"支付给我的配偶 Jane（个人身份）"

2．提名独立第三方作为 LPR

避免 LPR 和受益人身份重叠

3．寻求专业法律建议

确保死亡抚恤金安排符合遗产规划

第八章核心启示

三个家庭的故事告诉我们：

1．受托人酌情权：灵活但危险，可能导致家庭纠纷和诉讼

2．SIS vs 税法受抚养人：决定谁能收到 vs 如何征税

3．BDBN 是最佳保护：避免纠纷、确保意愿执行

4．配偶优先：税法受抚养人身份确保免税

5．LPR 双重身份：小心利益冲突，考虑独立 LPR

须定期审查死亡抚恤金安排的触发事件

以下任一生活事件发生时，应立即审查并更新 BDBN 及遗产规划文件：

触发事件	建议行动
结婚、建立事实婚姻关系，或分居/离婚	更新 BDBN；审查可逆转养老金提名；审查遗嘱
子女或孙辈出生	评估子女是否属于受抚养人；考虑对遗产分配计划的影响
被提名受益人去世	立即更新 BDBN；不得保留以已故人士为受益人的提名
BDBN 三年有效期即将届满	至少在到期前 60 天续签；确认见证要求
超级余额大幅增加	审查免税部分比例是否适合非受抚养受益人
成员接近转移余额上限	模拟可逆转养老金的影响；如有需要提前考虑减额
更换公司受托人	确认现有 BDBN 在新受托人结构下仍然有效；审查信托契约
遗嘱发生重大变更	确保 BDBN 与遗嘱一致；如适用审查 LPR 提名安排

被诊断患有重病	加快推进上述所有审查行动；确保所有文件对提名人可及

任何一项审查都无需耗费大量时间或金钱——由 SMSF 理财顾问和遗产规划律师共同参与的一次会议通常就足以更新相关文件。**不审查的代价——提名过期、BDBN 失效或遗嘱与养老金意愿不符——远超审查本身的成本。**

第九章 清算 SMSF：两种结局

如何注销 SMSF，不遗留资金在桌上——也不留麻烦在文件柜里。

引子：为什么要说再见

2024 年，两位 SMSF 成员决定清算他们的基金。吴先生因为移民新西兰，必须清算；刘女士因为年迈（78 岁）精力不济，选择清算；同样是清算，两人的经历却大不相同。

9.1 吴先生：海外移居的时间赛跑

吴先生的紧迫

2024 年 1 月，吴先生决定移民新西兰。他的会计警告："你必须在 3 月底前清算 SMSF，否则基金可能失去澳大利亚养老金基金（ASF-Approved Self-Managed Superannuation Fund）资格，变成非合规基金，所有资产按 45% 征税！"吴先生慌了：他的 SMSF 有 $2,300,000，其中 $1,800,000 是一处悉尼商业物业， $500,000 是股票。三个月内怎么可能卖掉物业？

ASF 三项测试：吴先生的困境

ASF 测试	吴先生情况
1.在澳大利亚设立或持有澳洲资产	✓满足（持有悉尼物业）
2.中央管理和控制通常在澳大利亚	✗存在风险：吴先生移居后将从新西兰作出基金决策

2 年安全港 vs 永久离开

ATO 规定：临时离开澳大利亚 2 年或以内，中央管理和控制仍被视为"通常"在澳大利亚。但吴先生是永久移民，不适用安全港！

吴先生的解决方案

经过紧急磋商，吴先生采取了以下步骤：

1 月：立即联系房产中介评估物业

2 月：快速出售股票（$500K 现金）

2 月底：找到买家，以略低于市场价($1,750K)快速成交

3 月 15 日：完成物业交割

3 月 20 日：将全部 $2.25m 转至澳大利亚大型基金

3 月 25 日：向 ATO 报告基金清算

总损失：物业低价出售损失 $50K + CGT 约 $120K + 紧急清算费用 $15K = $185K。但避免了 45%非合规税（可能高达 $1M）。

9.2 刘女士：养老金资产的 CGT 陷阱

刘女士的疏忽

78 岁的刘女士有 SMSF $1,200,000，全部处于养老金阶段。其中 $900,000 是一处投资物业（成本$300,000），$300,000 现金。刘女士决定清算，但会计问她："你想什么时候减免养老金？"刘女士不解："有区别吗？不都是要清算吗？"会计说："区别大了！时机错了可能多交 $120,000 税！"

TR 2013/5：减免时机决定一切

ATO 确认：当会员提出完全减免请求时，养老金收入流立即停止。这对 CGT 有重大影响：

处置时机	CGT 后果
减免请求前	✓资产仍被视为养老金资产
出售物业（减免请求前）	资本收益被忽略（免税）
减免请求后	✗资产不再视为养老金资产

出售物业（减免请求后）	$600,000 × 15% = $90,000 税

刘女士的正确顺序

第 1 步：在养老金仍运行时，出售物业（$900K）

第 2 步：收到现金后，刘女士共有$1,200K 现金

第 3 步：计算并支付按比例最低养老金

（假设 6 月清算，已支付$30K，年度最低$60K）

第 4 步：提出养老金完全减免请求

第 5 步：将$1,170K 展期至大型基金

结果：资本收益$600K 完全免税！

如果刘女士搞错了顺序

刘女士的朋友老张就犯了这个错误。他先减免养老金，再卖物业。结果 $400,000 资本收益×15%= $60,000 税。老张后悔不已："就是因为搞错了顺序，白白损失了 6 万！而且这笔税是不可逆的，交了就交了。"

9.3 清算的 10 步骤：

完整清算检查清单

步骤	关键点（实战建议）
1. 审查信托契约	确认清算程序、估值要求。避免：忽略契约中的特殊清算条款
2. 资产处置规划	养老金资产须在减免请求前处置（刘女士教训）。避免：时机错误导致不必要的 CGT

3. 储备金处理	储备金需公平分配或按规定分配给已故成员。避免：构成超额缴款（郑先生教训）
4. 扣除意向通知	Rollover 前必须提交（第 290-170 条）。避免：展期后通知无效
5. 减免养老金	先按比例支付年度最低养老金后再提出减免申请。避免：违反最低养老金标准
6. 准备临时账目	预留清算成本（会计、审计、ATO 费用）。避免：现金不足导致流程中断
7. 受托人决议 + ATO 报告	在 28 天内通知 ATO。避免：延迟报告引发合规风险
8. Rollover / 支付福利	出具 rollover 声明或 PAYG summary。避免：税务文件缺失
9. 最终审计 + 年度申报	明确标注已清算、债务已结清、申报已提交。避免：ATO 拒绝关闭基金

10. 注销 ABN、TFN 及 ASIC 备案	确认所有税务申报已获 ATO 确认后，向 ATO 申请注销 TFN 和 ABN，向 ASIC 提交注销申请。避免：ABN 未注销导致持续合规义务及罚款

三人清算的最终对比

- 吴先生：损失 \$185K，但避免了 \$1M 非合规税，清算成功
- 刘女士：因时机正确，节省 \$90K CGT，清算顺利

两人的共同感悟："清算 SMSF 不是简单关闭账户，而是一场精密的战术操作。每个决定的先后顺序、每个金额的处理方式，都可能导致数万甚至数十万的差异。专业建议不是成本，而是投资。"

第九章核心启示

吴先生和刘女士的故事告诉我们：

1. 海外移居：必须在 2 年安全港内完成清算（永久移居立即清算）

2. 养老金资产 CGT：减免请求前处置=免税，减免后=15% 税

3. 储备金陷阱：仅分配给一人=计入优惠上限

4. 处置顺序：养老金→资产出售→减免→展期

5. 10 步骤流程：严格按顺序，每步都关键

6. 专业建议：清算成本 vs 潜在损失，值得投资

十大清算错误成本排行

在审查约 200 个 SMSF 清算案例后，以下是最常见、代价最高的十大错误：

排名	错误类型	典型损失
1	时间压力下被迫出售资产（海外移居、健康事件、离婚）	$20,000-$150,000 低价折让
2	清算年度 ECPI 方法选择错误（独立法 vs 非独立法）	$5,000-$80,000 意外税款
3	清算前未实现资本亏损	$3,000-$50,000 亏损抵扣损失
4	LRBA 结清复杂性（银行延迟、同意要求）	$10,000-$40,000 银行及法律费用
5	福利组成部分计算错误（免税 vs 应税元素）	$15,000-$60,000 可避免的死亡抚恤金税
6	清算年度最低养老金支付延误（损失 ECPI）	$10,000-$100,000 当年 ECPI 豁免损失
7	未申请最终年度退税抵免	$3,000-$20,000 未申领退税
8	Rollover 表格信息填写错误	$2,000-$15,000 更正和重新处理费用
9	提交最终申报前提前注销 ABN	$1,000-$10,000 重新激活和更正费用

| 10 | 清算过程中受托人之间产生纠纷（离婚或遗产争议） | $20,000–$200,000 以上 法律费用 |

十大最高代价错误中有八项完全可通过充分规划和专业支持来预防。第 1 条和第 10 条存在不可完全消除的人为因素，其余八条均为纯技术性错误，源于准备不足或专业支持不够。**每个清算案例的一致结论与本书每章合规失败案例相同：比你认为必要的时间更早开始规划。仓促的清算几乎总是比有充足时间的清算更昂贵。**

SMSF 不仅是一个退休储蓄工具，更是一个需要精心规划和持续管理的财富管理系统。从缴款的第一天到基金清算的最后一步，每个决策都可能产生深远影响。成功的 SMSF 管理者不是避免所有错误的人，而是能够从他人错误中学习、提前规划、寻求专业建议的人。

后记

写在最后的话

------当你合上这本书的时候

回到那个觉醒的瞬间

还记得陈明吗？

那个 47 岁的 IT 项目经理，年薪 18 万，悉尼北区有房，两个孩子在私立学校。2022 年的某个晚上，他第一次认真打开了养老金账户的年度报表------余额\$687,000，这一年亏了 5.2%，十年平均 6.8%，管理费\$5,124。

这些数字没什么特别的。让他不安的是另一件事：他发现自己对这 68.7 万背后的一切都一无所知。它投在哪里？为什么选这些投资？亏了是大环境还是基金经理的失误？他能做什么？

他一个问题都答不上来。

更让他震惊的是，当他开始问朋友、同事，几乎没人能回答。大家都觉得"养老金嘛，就让它在那里吧，到时候退休了再说"。

这个画面，就是这本书的起点。ASIC 的调查数据佐证了陈明的感受：73%的澳洲人不知道自己养老金的具体投资内容，61%从未主动调整过投资选项，48%甚至不知道自己有几个账户。

换句话说，大多数澳洲人，把人生中最大的一笔长期投资，完全托付给了别人，自己却连基本的了解都没有。

现在，你读完了这本书。你已经不是那个陈明了。

三种选择，没有哪一种是错的

贯穿全书的三个人------陈明、张华、李娜------代表了三种我在十多年执业生涯中反复遇到的态度。他们不是虚构的角色，而是我服务过的上百位客户的缩影。

张华：明智的放手

52 岁的外科医生，养老金$920,000。他每天做三到四台手术，每台都要百分之百的专注。他很清楚，把时间花在手术刀上创造的价值，远高于自己研究股票可能多赚的那点收益。

张华不是不关心自己的养老金。他定期查看报表，如果收益率连续几年低于市场平均水平，会考虑换一家基金。但他不会亲自管理投资。他付的管理费，买的是省心。

张华的智慧在于：他知道自己不知道什么，也知道自己不需要知道什么。

李娜：专业者的掌控

49 岁的会计师事务所合伙人，养老金$850,000。五年前建立了 SMSF，持有 40%澳洲股票、35%商业物业、20%国际 ETF、5%现金。她能说出每一项投资的买入时间、成本、当前市值和持有理由。2020 年疫情时主动调整组合，避免了大量损失。

每年 25-30 小时的管理时间，$5,000 的年度成本------对李娜来说完全值得。她获得的不仅是可能更高的收益，更是对自己退休未来的真正掌控感。

陈明：从迷茫到清醒的选择

研究了两年后，陈明建立了SMSF。他的理由很实际：按行业基金 7%的收益率，15 年后约 190 万；如果自己管理做到 8.5%，15 年后约 230 万。40 万的差距，足以改变退休生活的质量。更重要的是，在 IT 行业工作了二十多年的他，习惯了对系统有掌控感------把 68 万完全交给别人，他反而会焦虑。

三个人，三种选择。这本书从第一页到最后一页，始终坚持一个立场：我们不是要说服你建立 SMSF，而是帮助你做出充分知情的选择。张华的选择和李娜的选择同样明智------区别只在于，他们都清楚地知道自己为什么这么选。

错误从来不是选择了哪条路。错误是在没有充分了解的情况下，稀里糊涂地走上了一条路。

那些用真金白银买来的教训

如果要用一个数字总结这本书九章的核心信息，那就是：

$7,651,510

这是书中记录的真实案例的累计损失总额。每一个数字背后，都是一个具体的人、一段具体的经历、一个本可以避免的错误。

我在写作时做了一个刻意的选择：用大量篇幅讲述失败，而不是面面俱到地讲述'应该怎么做'。原因很简单——在我的执业经验中，当我告诉客户'你应该选择公司受托人结构'时，他可能听进去了六成；但当我告诉他'James 因为选了个人受托人，离婚时损失了$86,000'时，这个数字他会记住很多年。

"人们记住的不是正确的答案，而是错误的代价。"

这些故事出现在这本书里，不是为了吓唬任何人。而是因为一个朴素的道理：

"看见别人的坑，是避免自己掉进去的最可靠方式。"

在 SMSF 的世界里，避免一个灾难，比追求一次辉煌的投资回报，重要得多。避免 Michael 式的$930,000 损失，比多赚 5%的投资收益，对你的退休生活影响大得多。

一路走来让我们用另一种方式回望这趟旅程——不是章节的罗列，而是一个 SMSF 从诞生到终结的完整生命线。

第一章从 Sarah 和 Michael 的五年对照开始，$930,000 的差距撕开了一个现实：专业管理和业余管理之间，不是收益率的几个百分点的差别，而是整个退休人生质量的差别。Sarah 花了$23,000 获得$750,000 增长；Michael 省了$18,000，失去了$615,560。这个算术题，答案再简单不过。

第二章没有急着教你怎么设立SMSF，而是先让你照照镜子。三个 45 岁的人——Robert 选择了行业基金、Sarah 选择了 Wrap 平台、Michael 选择了 SMSF——三条路径、三种结局。这一章的核心问题只有一个：你，真的适合 SMSF 吗？

第三章打开了受托人责任这扇沉重的门。David 和 Robert 的 $250,000 教训，Jennifer 的$191,250 代价，Aussiegolfa 标志性案例------这一章让你明白，做 SMSF 受托人不是一个头衔，而是一份沉甸甸的法律责任。三层义务体系、唯一目的测试、关联方规则……每一条看似枯燥的法律条文，背后都站着真实的人和真实的损失。

第四章是全书案例最密集、代价最触目惊心的一章。Helen 的度假屋（$143,000）、Robert 的 LRBA 困境、Andrew 的古董车------六大投资铁律，每一条都用真金白银标注了违反的价格。这些铁律不是抽象的法律文本，而是 ATO 用无数审计案例划出来的底线。

第五章揭开了 SMSF 税务的三重世界：累积阶段 15%、养老金阶段 0%、NALI/NALE 触发后 45%。Jennifer 穿越三个税率世界的完整旅程，Michael 免费服务的$102,000 双重打击------这一章反复出现的一个词是'公平交易'（arm's length）。三个英文单词，是你在 SMSF 税务世界里最重要的护身符。

第六章讲述了三个 40 岁的人面对人生变故时的不同命运。James 没有 TPD 保险，$800,000 在七年内耗尽；Robert 因为 LRBA 在保险理赔时遇到流动性危机；Emma 的 Giovenco 教训提醒我们实物资产必须投保。2014 年 7 月 1 日是 SMSF 保险的分水岭------这一天之前和之后，规则天差地别。

第七章跟随李明走过缴款与养老金支付的全过程。28 天规则、税务组成部分、转移余额上限、最低养老金标准------看似琐碎的时间节点和数字，每一个都可能在某一天变成数万元的差距。赵女士的最低养老金失败差点毁掉她的免税待遇；陈先生的$2M TBC 烦恼展示了限额管理的复杂性。

第八章是全书最沉重的一章。马先生家族的酌情权灾难、林先生家族的税务陷阱、周先生家族的完美规划------三个家庭，三种结局。Marcella 案、Burgess 案、Hill v Zuda 案……这些法院判决的背后，都是曾经相爱的家人在失去亲人后为钱对簿公堂的悲剧。

第九章画上了句号。吴先生海外移居的时间赛跑（损失\$185,000 但避免了\$1M 的 45%税）；刘女士的 CGT 陷阱（减免时机差异 =\$90,000）；老张搞错顺序白白损失\$60,000------每一个清算案例都在告诉我们：SMSF 的结束，和它的开始一样，需要精密的战术操作。

如果有一天这本书在你的记忆中逐渐模糊，我希望最后留下的，是这九个印象：

第一 SMSF 不是产品，是责任

建立 SMSF 的那一刻，你同时成为了投资人、管理者和合规官。自由的另一面，是全部后果都由你承担。

第二 '不做'也完全正确

张华选择不做 SMSF，不是因为懒惰或无知，而是因为他清楚地评估了自己的时间、精力和比较优势。这种清醒，比盲目地建立 SMSF 更值得敬佩。

第三 专业服务是投资，不是成本

Sarah 的\$23,000 换来\$750,000 增长；Michael 省了\$18,000 却付出 34 倍代价。\$4,500 的专业设立费，可能是你这辈子回报率最高的一笔投资。

第四 每一个错误都有价格标签

在 SMSF 的世界里，不知道规则不能免罚。Jennifer 不知道唯一目的测试=\$191,250；Helen 不知道不能住自己 SMSF 的房子=\$143,000。ATO 不会因为你是无心之过就减免处罚。

第五 公平交易是护身符

arm's length------所有与关联方的交易，都必须在公平、公开、市场价格的基础上进行。偏离这三个字，就是走向 45%的 NALI 深渊。

第六 时间就是规则

28 天缴款接受期限、养老金的开始日期、减免请求的时机、展期前的扣除通知------在 SMSF 里，早一天或晚一天，可能意味着数万元的差距。刘女士和老张的故事，就差在一个'先后顺序'上。

第七 保险是最不想用到但最不能没有的东西

James 的$800,000 在七年内耗尽------因为他没有 TPD 保险。投资做错了可以调整，但重大疾病或意外来临时，没有保险就没有第二次机会。

第八 今天就规划死亡抚恤金

没有人喜欢谈论死亡，但周先生做了，马先生没做。一个家庭完好，一个对簿公堂。BDBN 不是一张纸，是你留给家人的最后一份安排。

第九 建立那一刻就想好如何结束

吴先生的紧急清算损失了$185,000；刘女士因为会计的一句提醒省了$90,000。退出策略不是可选项。一个没有退出计划的 SMSF，就像一艘没有港口的船。

最后的话

我执业十多年，服务过上百位 SMSF 客户。有的人通过 SMSF 实现了财务自由，有的人因为 SMSF 承受了巨大的损失。两者之间的差距，往往不在于智商、收入或运气，而在于一个简单的分水岭：

"他是否在做出决定之前，真正理解了自己在做什么。"

这本书的全部努力，就是帮你跨过这个分水岭。

写到这里，我想起了第九章里周先生生前说过的一段话。他说：

"设立 SMSF 容易，管好 SMSF 很难，但最难的是做好死亡规划。很多人花大力气优化投资回报，却忽略了最重要的问题：我死后这笔钱怎么办？别让你的 SMSF 成为家人的负担，而要成为你留给他们的最后礼物。"

周先生说的是死亡规划，但我觉得他说的其实是一种更广义的态度------对自己负责、对家人负责、对未来负责。

SMSF 不是圣杯。它不会自动让你更富有，也不会自动保护你的退休生活。它是一个工具------一个强大但复杂的工具。就像一把手术刀，在训练有素的人手中可以拯救生命，在未经训练的人手中却可能造成伤害。

这本书的目的，从来不是说服你建立或不建立 SMSF。它的目的是确保，无论你做出什么选择，那都是一个充分知情的选择。

如果这本书帮助你避免了哪怕一个代价高昂的错误，它的使命就完成了。

如果它让你在面对养老金时，从'我不知道'变成了'我知道我有哪些选择'------那就更好了。

Paul Yang

注册金融规划理财师 CFP® | 太平绅士（JP）

2025 年，悉尼

有限追索权借贷安排深度解析

有限追索借款安排——SMSF 工具箱中最强大的工具，用对了才奏效。

LRBA------SMSF 工具箱中最强大的工具，前提是用对方式

在 SMSF 的所有结构性工具中，没有哪一个像有限追索权借贷安排（LRBA）那样吸引如此广泛的关注——无论是来自受托人、金融推销商、监管机构，还是财经媒体。LRBA 是 SMSF 借款购置资产的机制：以该资产作为担保，贷款人的追索权仅限于该资产本身。运用得当，它是真正强大的财富积累工具；运用失当或时机不对，则会加速财务损失。

本节将以 LRBA 应有的深度对其进行全面剖析，内容涵盖法律架构、可收购资产类型、商业贷款与关联方贷款的区别、具体的现金流要求、税务处理，以及——最关键的——那些决定 LRBA 对某些受托人是利器、对另一些人却构成风险的核心特征。

LRBA 的法律架构：持有信托 Bare Trust 如何运作

SMSF 借款的基本法律约束很简单：SMSF 不能持有被抵押或受其他产权负担约束的资产。若以借款购置资产，贷款人通常会在该资产上登记押记来担保贷款——但对 SMSF 资产登记押记在 SIS 法案下明令禁止。

LRBA 通过一种称为持有信托（也叫单纯信托、保管信托或担保信托）的法律结构，巧妙地规避了这一限制。其运作机制如下：借款资金由独立的持有信托用于购置资产；持有信托持有资产的法律所有权；SMSF 持有实益所有权，即享有资产经济利益的权利；贷款人以持有信托在资产中的权益作为担保；SMSF 的其他资产对贷款人不产生敞口——这正是"有限追索权"的含义所在。

持有信托必须在法律上独立于 SMSF，需具备专属的信托契约、受托人（通常为法人实体）、租金收入银行账户，并完成正式注册。持有信托的设立务必正确——一旦结构存在缺陷，可能导致整个 LRBA 失效，并同时引发 SIS 法案违规及严重的税务后果。

LRBA 法律架构 — 四方当事人

1. SMSF（资产的实益所有人——持有经济利益） 2. 持有信托（资产的法律所有人——持有产权，向贷款人提供担保） 3. 裸受托人（通常为法人受托人——管理持有信托） 4. 贷款人（银行或关联方——提供融资，追索权限于该资产）贷款全额偿还后，法律所有权直接从持有信托转移至 SMSF。

哪些资产可以通过 LRBA 收购？

SIS 法案规定，LRBA 只能用于收购"可收购资产"——该类别涵盖大多数标准投资工具，但排除了某些高风险或投机性资产。核心要求是资产必须为"单一可收购资产"：即一项资产，或一组合并构成单一持有量的相同资产。

"单一资产"要求在实践中已有明确解释：单块土地是单一可收购资产；一批相同股票（例如在单次交易中购入的一百股 BHP 股份）是单一可收购资产；建筑物连同其所在土地是单一可收购资产。但在一次交易中购买的两块独立地块则不是——每块地都需要独立的 LRBA 结构。

资产类型	是否允许 LRBA	备注
商业地产	是	最常见的 LRBA 资产；从关联方购买时适用商业用途地产规则

住宅投资地产	是	不能从关联方购买；不能供成员或关联方使用
上市股票（单一公司，单一地块）	是	较少见；股票通常更适合在养老金外使用保证金贷款
上市 ETF 份额（一类，单次交易）	是	如在一次交易中购买，则为单一可收购资产
非上市单位信托份额	有条件允许	需要复杂分析；适用广泛持有测试
从关联方购买的商业用途地产	允许	必须满足商业用途地产定义；取得独立估值
从关联方购买的住宅地产	禁止	任何情况下都不能从关联方收购住宅地产
无法估值的资产	禁止	LRBA 资产须能够独立估值

| 待改良资产 | 贷款期间禁止 | 贷款期间不允许对资产进行改良；可在贷款偿还后进行 |

"禁止改良"规则：房产投资的实际含义

贷款期间禁止对 LRBA 资产进行改良，是 LRBA 结构中约束性最强、也最常被忽视的特征之一。若 SMSF 通过 LRBA 购置商业地产并计划翻修，所有改良工程必须等到贷款全额偿还后方可启动，贷款存续期间任何性质的改良支出均构成违规。

维修与改良之间的界限并非总是清晰。以同等材质修复受损屋顶属于维修；以更高规格材料替换则属于改良。重新粉刷是维修；增加建筑面积是显而易见的改良。介于两者之间的灰色地带，在任何重大支出前均需寻求专业意见。

计划通过 LRBA 购置商业地产并随后翻修的受托人，应围绕贷款偿还来安排时间线：增加首付比例以缩短贷款期限，或直接设定更短的还款期。翻修工程在产权从持有信托转移至 SMSF 之前不得开工——而产权转移只有在贷款全额清偿后才会发生。

商业贷款与关联方贷款：一个关键的区别

SMSF 的 LRBA 资金可来自商业贷款机构（银行及其他经授权的存款机构），也可来自关联方（成员本人、其亲属或关联实体）。两种融资方式的监管要求截然不同——关联方贷款一旦出错，后果尤为严重。

商业 SMSF LRBA 贷款

提供 SMSF LRBA 产品的商业银行，通常会执行严格的尽职调查，这本身就构成了一道有效的适宜性初筛。银行会评估 SMSF 的财务状况、成员的收入与信用资质、房产的价值及租金潜力，以及基金依靠租金收入和缴款偿还贷款的能力。银行通常要求最低 20%至 30%的首付，部分银行还要求 SMSF 投资策略中须明确体现 LRBA 安排。

商业 SMSF LRBA 产品的利率通常高于自住住宅贷款——这反映了有限追索权结构的专业性质。在 2022 至 2025 年的加息周期中，6%至 8%的利率十分常见。以 8%利率计算百万澳元贷款，年利息支出即达 80,000 澳元——尚不含本金偿还、房产维修及其他运营费用。房产租金收入加上基金其他收入，必须足以持续覆盖这些成本。

关联方 LRBA 贷款：安全港规则

关联方——包括成员本人、其控制的公司，或其他成员集体——可向 SMSF 提供 LRBA 资金。这是被允许的，但通常须遵守 ATO 的安全港规则，该规则对利率、贷款期限、贷款价值比（LVR）及其他条件作出规定，以确保安排符合公平交易要求。

SMSF LRBA 的安全港利率由 ATO 每年发布，与澳大利亚储备银行的指示贷款利率挂钩。住宅地产的安全港利率通常与标准浮动住房贷款利率对齐，商业地产则对应更高的指示商业贷款利率。安全港贷款价值比（LVR）通常为：商业地产 70%，住宅地产 75%。

不符合安全港条款的关联方 SMSF LRBA——包括利率低于安全港利率，或贷款条款更为优惠的情况——通常构成非公平交易安排，LRBA 房产的全部收入将以 NALI 处理，适用 45%惩罚性税率。这一评定适用于安排不合规的每一个纳税年度。

> **永久 45%税率 关联方 LRBA 的 NALI 风险**
>
> 不符合 ATO 安全港条款的关联方贷款，会对 LRBA 房产收入造成永久性 NALI"污染"，且无法事后补救——安排不合规期间，该房产每一年产生的收入均将被评定为非公平交易收入。

我处理过这样的案例：成员以远低于市场水平的"友好"利率向 SMSF 提供贷款，自认为是在慷慨资助自己的退休储蓄。结果是：该房产每一澳元的租金收入，从此永久以 45%税率征税。一处年租金 60,000 澳元的房产，每年额外税务负担（与 15%积累期税率相比）达 18,000 澳元，十年累计高达 180,000 澳元。这种"慷慨"，代价极为高昂。

LRBA 现金流分析：有纪律地计算真实数字

评估 LRBA 投资机会最关键的纪律，是做扎实的现金流分析——不是以 100%入住率和最低成本为前提的乐观版本，而是对空置期、利率上升、维护成本及基金其他收入来源进行压力测试的现实版本。

现金流项目	乐观假设	现实压力测试
毛租金收益率（商业地产）	房产价值的 6.5%	5.5%（空置期或市场疲软时更低）
空置率	0%（未模拟空置情况）	8-12%（平均每年约一个月）
房产管理费	毛租金的 7%	8-9%（含行政管理费用）
维护与维修	房产价值的 0.5%	1.5%（含不定期大型项目）
保险	每年$5,000	$6,500-$8,000（商业地产保险费率）
市政费和土地税	每年$4,000	$5,000-$6,500

利息成本（$80 万贷款，7.5%利率）	每年$60,000	$60,000（固定；利率上升时相应增加）
净现金状况（$120 万房产）	略为正值	每年可能出现 $15,000-$25,000 的负现金流

压力测试揭示了一个常见的现实：在当前市场条件下，商业 LRBA 房产通常处于现金流负值状态——基金必须从其他渠道（缴款、其他投资或现有现金）补充资金来偿付贷款。这本身未必是问题——养老金结构内的负扣税在积累期具有税务效率优势。但这是一种结构性依赖，必须明确纳入规划。一旦基金为偿付 LRBA 而耗尽现金储备，便没有任何缓冲来应对最低养老金支付、年度审计费用、保险费或意外维修支出。

基金的现金流模型应在做出 LRBA 决策之前全面测算——委托方不应是推销房产的房地产中介，也不应是希望促成融资的抵押经纪人，而应是受托人的独立理财规划师——其职责是既识别风险，也评估机会。

LRBA 退出策略：从一开始就规划还款

每一项 LRBA 都应在设立之初就制定并记录明确的退出策略。贷款如何偿还？时间线是什么？资金来源有哪些？若房产出售价格不足以覆盖未偿贷款余额，将如何处置？

最常见的 LRBA 退出策略包括：以基金收入逐步偿还（租金、缴款及其他资产回报）；借助重大缴款事件一次性还清（缩小居所缴款、养老金外资产出售）；在贷款基本偿还后出售房产，并在养老金期实现资本收益（可享 CGT 豁免）；以及通过遗产或死亡受益方式处置——房产转给转让型受益人，或出售后作为死亡受益金分配。

有一个关键的规划约束：无论是对房产进行改良、将产权转入 SMSF，还是注销基金，都必须在 LRBA 全额偿还之后方可进行。计划五年内注销但持有十年期 LRBA 的基金，要么通过额外缴款、出售其他资产或房产收益提前还清贷款，要么相应延长注销时间线。这一约束与基金生命周期规划的方方面面密切交织。

利率敏感性分析

SMSF 的 LRBA 以浮动利率为主。2022 至 2025 年的加息周期——澳大利亚储备银行在不到两年内将利率从接近零推升至超过 4%——为 LRBA 密集型 SMSF 所面临的利率风险提供了一个近期而真实的写照。

以 120 万澳元 LRBA 为例，若浮动利率在二十四个月内从 4%升至 8%，年利息成本将翻倍：由 48,000 澳元增至 96,000 澳元。若该基金的年租金收入为 72,000 澳元，则原本在 4%利率下现金流为正的基金，到 8%利率时将转为现金流负值，每年产生 24,000 澳元的缺口，必须从其他渠道填补。

负责任的 LRBA 分析，必须包含利率敏感性测算：在当前利率、高出 2%和高出 4%的三种情景下，基金现金流分别如何？若基金在利率比当前高出四个百分点的情况下无法维持现金流，说明 LRBA 对该基金而言风险过高，并不适合。

LRBA 利息和扣除的税务处理

积累期 SMSF LRBA 的税务优势之一，在于利息支付可抵扣基金的应税收入。以 15%税率计算，60,000 澳元的年利息支出可产生价值 9,000 澳元的税务抵扣，一定程度上抵消了借款的现金成本。

进入养老金期后，税务处理方式发生了根本转变。若 LRBA 房产纳入养老金段（采用隔离 ECPI 方法），利息支出在技术上仍可扣除——但扣除的对象是完全免税的收入，实际上毫无意义：基金根本没有应税收入可供抵消。这正是 LRBA 在积累期税务效率最高的原因之一，也是养老金开始时机与 LRBA 偿还进度需要仔细协调的原因。

在许多情况下，最优操作顺序是：在积累期内偿还LRBA，借助利息扣除降低 15%的税务负担；贷款全额还清、产权转入 SMSF 后，再启动养老金。届时房产已从 LRBA 结构中释放，以当前市场价值纳入养老金段，此后任何资本收益均在 ECPI 规则下完全豁免 CGT。

进入 LRBA 之前要问的十个问题

在正式承诺有限追索权借贷安排之前，每位受托人都应当能够令人满意地回答以下十个问题。若其中任何一个无法作答——或答案令人不安——则需在推进之前对 LRBA 进行更深入的分析。

问题	答案
这处房产的具体投资依据是什么？	有记录的回报预期、租金收益分析、资本增长论点、可比市场交易
在利率比当前高 3%的情况下，压力测试后现金流状况如何？	基金仍能履行所有义务，包括最低养老金支付、保险和维修维护
贷款将如何偿还，何时偿还？	在投资策略中记录具体还款计划；时间线与退休/基金注销计划一致
收购后该房产是否占基金总资产 50%以上？	如是，须有书面依据说明接受此集中风险的合理性
该房产是否为关联方交易？如是，商业用途地产和公平交易要求是否已核实？	书面法律意见确认合规；已取得独立估值

持有信托结构是否正确建立，是否有独立受托人、信托契约和银行账户？	已获法律确认；独立实体已完成登记备案
基金是否有足够流动性覆盖 3 个月空置期？	拥有足够现金或流动资产，可覆盖最多 3 个月约$15,000-$25,000 的资金缺口
如适用，关联方 LRBA 是否已根据 ATO 安全港条款进行评估？	书面确认利率、贷款价值比和贷款期限均符合安全港要求
基金保险策略是否已更新以覆盖 LRBA 负债？	已审查人寿和全残保障（TPD）；确保成员死亡或残疾时能够偿还贷款
投资策略是否已更新以专门说明 LRBA 安排？	书面投资策略记录了 LRBA，承认集中风险，并处理了保险保障问题

LRBA 与退休规划：整合一切

当有限追索权借贷安排得到正确搭建——包括合规的持有信托、商业贷款或符合安全港要求的关联方贷款、满足 SIS 法案所有要求的资产，以及具备充足现金流以维持借贷的基金——它便代表了澳大利亚税收体系内最有效的财富积累策略之一。

税前缴款以 15%税率资助首付和利息支出、积累期租金收入以 15%征税（养老金期降至 0%）、最终资本收益在养老金期适用 0% CGT—

—三者叠加，产生了通过其他任何常见投资结构都难以实现的复利增长与税务效率。

第二章中的 David——通过 LRBA 购置商业地产，退休时积累了 355 万澳元（同类零售及行业基金成员的对应数字仅为 185 至 215 万）——并非虚构的理想典型。他是若干真实客户的综合写照：这些人正确运用 LRBA，审慎管理基金现金流，严格维持合规结构，最终获得了显著更优的退休成果。

这里传递的信息，不是每一个 SMSF 都应该配置 LRBA。而是：对于那些具备足够余额、稳定收入、明确投资逻辑，并有专业团队支持来正确使用 LRBA 结构的受托人而言，它是一件极为强大的工具——正如所有强大的工具，在真正理解其运作原理的人手中，才能发挥最大价值。

关于养老金房产投资的最后一句话：流动性的必要性

本书中涉及 SMSF 房产投资的每一章------投资规则、税务架构、保险盲区，以及 LRBA 的这次深度解析------最终都回到同一个基础约束：房产是非流动资产，存在于一个有强制性、时间敏感现金义务的结构中。

最低养老金支付要求不会因为你 SMSF 的唯一流动资产——房产——恰逢市场低迷而网开一面。保险费续期截止日不在乎基金本月是否现金流为负。ATO 的合规截止日期，也不会因为你的定期存款下个月才到期而主动延后。

管理持有非流动资产——尤其是房产——的 SMSF，其流动性需求需要与投资策略本身同等程度的审慎和持续规划。我的实操原则：维持不低于十八个月强制性现金义务总额的流动或准流动资产，涵盖最低养老金支付、保险费、年度合规成本及 LRBA 利息。这不是一个精确公式——具体缓冲规模取决于基金的收入结构、租金收入的波动性，以及现金状况对利率变化的敏感程度。但原则不变：持有非流动资产的基金，需要建立充足的流动性缓冲，以备收入与义务的时间错位时随时调用。

管理得当的受托人睡眠安稳。管理不当的则在一月份打紧急电话给顾问，发现在行情低迷的市场中无法出售房产，却又必须支付最低养老金。两种结果的差距，归根结底，仍是规划。而在此情境下的规划，意味着全面理解基金的现金流状况——不只是投资回报，还有强制性义务——并维持足以让现金流在一切可预见条件下保持可持续的缓冲。

归根结底，这是贯穿本书每一章的同一原则：你不做规划，规划终会来找你。主动规划，寻求专业支持，每年审查，给自己留足优雅退出的时间——无论退出对你的具体情况意味着什么。

SMSF 建立清单

建立基金前后所需的一切

本清单适用于与合格 SMSF 理财顾问的第一次会议。并非每一项都立即相关------有些是第一天的任务，有些是第三个月或第十二个月的任务。但从一开始就将完整清单放在你面前，确保没有关键事项被无限期推迟。

第一阶段：建立前（签署任何文件之前）

任务	备注	完成
确认最低余额（建议 $200,000 以上）	低于此门槛，与零售/行业基金相比，成本效益通常较差	☐
确认所有拟议成员（最多 6 人）	所有成员须具备资格；检查是否存在被取消资格人员	☐
确定受托人结构：个人受托人或法人受托人	强烈建议 2 名以上成员或拥有重要资产的基金使用法人受托人	☐
聘请具备 SMSF 资质的专业理财规划师	确认其持有具备 SMSF 权限的 AFSL 牌照；查阅 ASIC 注册记录	☐
聘请具备 SMSF 资质的专业会计师/税务代理人	与理财规划师在同一家公司，或在不同公司之间协调配合	☐

确认需要 SMSF 的具体投资意图	LRBA 房产、直接股票、商业用途地产——哪些是零售/行业基金无法实现的?	☐
明确遗产规划目标	你预期的死亡受益受益人是谁?他们是受抚养人吗?	☐
审查当前养老金余额和税务组成部分	免税对应税比例;再缴款策略的潜力	☐
获取保险需求分析	你需要哪些人寿/全残/收入保护保障?哪些适合在 SMSF 内外持有?	☐

第二阶段:建立(第 1 天至第 30 天)

任务	备注	完成
通过律师或专业契约提供商签署信托契约	确保契约允许不失效 BDBN(如适用);确认养老金开始权力	☐
向 ASIC 注册法人受托人(如使用)	所有董事必须具备资格;ASIC 年费适用(目前$57 澳元)	☐
为基金申请 ABN 和 TFN	通过 ATO 商业注册门户或税务代理人办理	☐
开设专用基金银行账户	账户必须以受托人作为受托人的名义开立;与个人账户严格分开	☐

签署受托人声明（NAT 71089）	所有受托人必须在成为受托人的 21 天内签署；永久保存	☐
准备书面投资策略	必须涵盖风险、回报、流动性、多元化和保险	☐
为所有成员执行约束性死亡受益提名	须正确见证；设置续签提醒日（3 年，除非为不失效型）	☐
如适用，注册 GST（如基金持有商业地产）	适用门槛；与会计师确认	☐
将现有养老金余额转入 SMSF	获取转入表格；确认接收基金详情；预计 3-5 个工作日	☐

第三阶段：持续合规（年度任务）

任务	时间安排	完成
审查并更新投资策略	每年 7-8 月	☐
确认最低养老金支付将在 6 月 30 日前完成	每年 4-5 月	☐
根据上限审查缴款水平（优惠和非优惠）	每年 4 月（年末规划）	☐

如 67-74 岁成员，确认工时测试合规	证据须在 6 月 30 日前记录	☐
获取所有非上市资产的独立估值	每年 6 月 30 日前（审计所需）	☐
审查 BDBN 有效期	在任何 3 年周年纪念日前至少 30 天	☐
委托经批准的 SMSF 审计师进行年度审计	须在年度申报提交前完成	☐
向 ATO 提交 SMSF 年度申报	在截止日期前（通常为 10 月 31 日，或通过税务代理人更晚）	☐
支付 ASIC 年费（法人受托人）	每年收到发票；及时支付以避免注销	☐
审查所有成员的保险保障	至少每 3 年一次或重大生活变化后	☐
评估所有养老金成员的转移余额上限使用情况	确认无超额 TBC 问题；对未来年度进行模拟	☐

SMSF 年度合规日历

　　本日历旨在消除一月份的恐慌------我每年二月都会收到来自受托人的电话，他们意识到还没有支付最低养老金，或者 6 月 30 日的缴款还没有规划。目标是主动管理：在最佳时间而非最后可能的时刻处理每项合规义务。

月份	关键行动	推迟的后果
7 月	开启新财年；确认期初养老金余额用于最低支付计算；更新缴款上限	养老金最低支付计算错误；缴款上限误差
8 月	审查并更新投资策略；确认所有资产有当前估值	投资策略不合规；引发审计问题
9 月	审查保险保障；检查 BDBN 到期日；确认 ASIC 法人受托人年费已支付	保险或 BDBN 失效；面临 ASIC 注销风险
10 月	上一财年 SMSF 年度申报到期（如无税务代理人申报）；审查上年审计发现	逾期申报罚款
11 月	年中投资组合审查；评估年末前是否需要再平衡	年末投资状况欠佳
12 月	审查年至今优惠缴款；模拟剩余上限空间；确认 Salary Sacrifice 安排	如未进行模拟，可能不慎违反缴款上限

1 月	确认至今最低养老金支付情况；评估是否有足够现金支付本年度剩余部分	最低养老金不足风险——后果严重
2 月	审查非优惠缴款；评估是否符合提前规则资格（如计划大额缴款）	违反非优惠缴款上限；产生超额缴款税
3 月	取得直接房产和其他非上市资产的独立估值（留出时间以便有异议时争议）	6 月 30 日无当前估值，审计意见保留
4 月	与财务顾问召开年末规划会议：缴款、资本利得税事件、ECPI 管理、最终养老金支付	错过年末优化机会
5 月	执行本年度最终缴款（必须在 6 月 30 日前到达基金）；确认需要时的一次性提款	如留至最后一周，存在结算时间风险
6 月	本年度最终养老金支付（如未按月支付）；确认最低养老金完成；审查任何未完成合规行动	如未支付最低养老金，本年度失去 ECPI 豁免

主要法律参考

　　本附录总结了本书所讨论规则和原则背后的主要法律参考。它不能替代专业法律建议------该法律很复杂，其对具体情况的适用需要合格的解释。但对这些参考有基本的熟悉，将使你与顾问的对话更有成效，也让你更好地理解你所遵守的规则。

参考条款	规范内容	相关章节
SIS 法案第 62 条——唯一目的测试	要求 SMSF 唯一用于为成员提供退休、死亡或残障受益。不得向关联方提供附带利益。	第四章
SIS 法案第 65 条——禁止向成员提供财务协助	受托人不得向成员或其亲属借贷基金资产。无任何例外。	第四章
SIS 法案第 66 条——禁止自用资产（关联方）	受托人通常不能从关联方收购资产。主要例外：上市证券、商业用途地产、广泛持有单位信托。	第四章
SIS 法案第 71 条——自用资产限额	基金资产的不超过 5%可以投资于"自用资产"——即向关联方的贷款或对关联方的投资。	第四章

SIS 法案第 52B 条——受托人契约（投资策略）	受托人必须制定、审查并执行投资策略，考虑风险、回报、流动性、多元化和保险。	第三、四章
SISR 条例 13.18AA——收藏品和个人使用资产	SMSF 持有艺术品、葡萄酒、珠宝、汽车及类似资产的严格规则。适用存储、保险和使用限制。	第四章
ITAA 1997 第 295-465 条——非公平交易收入（NALI）	来自非公平交易安排的收入以 45%征税。2019 年后修正案延伸至非公平交易支出（NALE）。	第三、五章
ITAA 1997 第 294 部分——转移余额税	超额转移余额金额被征税。按超额金额在退休期内剩余期间的名义收益评估。	第七章
ITAA 1997 第 301 条——死亡受益税	向非受抚养人支付的养老金一次性死亡受益：应税组成部分以 15%（加 2%医疗保险税）征税。受抚养人免税接收。	第八章
SIS 法案第 104 条——约束性死亡受益提名	BDBN 的正式要求；须符合契约和条例；除非契约另有规定，3 年后失效。	第八章

SIS 法案第 17A-17B 条——居住要求	基金必须在澳大利亚行使中央管理和控制；活跃成员必须是澳大利亚居民。临时海外居住 2 年安全港。	第九章
SIS 法案第 35B 条——年度审计要求	每个 SMSF 必须每年由经批准的 SMSF 审计师进行财务和合规审计。	所有章节
2007 年养老金（超额优惠缴款）税法	超额优惠缴款以边际税率计入应税收入，并附 15%税收抵免和利息费用。	第七章

关键术语表

术语	定义
积累期	成员余额通过缴款和投资回报积累的养老金阶段。收益税率：15%。
以账户为基础的养老金 Account Based Pension	在满足释放条件时，开始支取的来自养老金账户的定期收入流。每年最低提款百分比按成员年龄适用。
经批准的 SMSF 审计师	向 ASIC 注册、具备资质的 SMSF 审计师，负责审计 SMSF 财务账目与合规情况。必须独立于基金受托人。
约束性死亡受益提名 （BDBN）	向受托人发出的正式书面指示，指定谁接收成员的死亡受益。如提名有效，受托人必须遵守。
商业用途地产	完全且专门用于企业经营的土地及建筑物。SMSF 可从关联方收购商业用途地产——这是关联方收购禁令的重要例外。
提前规则	允许符合条件的成员（7 月 1 日时未满 75 岁，自 2022 年 7 月 1 日起从 67 岁延伸）在单一年度内缴纳最多 3 年的非优惠缴款的规定。

资本收益税（CGT）	出售或处置资本资产时所缴纳的增值税款。SMSF 适用税率：积累期 15%（持有超 12 个月可享 1/3 折扣，实际税率 10%）；养老金期 0%。
中央管理和控制	对信托或公司做出的高层战略决策。为满足 SMSF 居住地合规要求，中央管理和控制通常须在澳大利亚境内行使。。
释放条件	允许成员提取养老金受益的法定触发事件，如退休、年满 65 岁或永久丧失工作能力
优惠缴款 Concessional Contribution	税前（可扣税）向养老金的缴款，包括雇主 SG、Salary Sacrifice 及个人可扣除缴款。进入基金时按 15%税率征税。年度上限：30,000 澳元（2024-25）。
法人受托人	作为 SMSF 受托人的公司主体，与个人受托人相对。可实现成员变更时的所有权延续，并简化行政管理，通常为推荐做法。
界定受益基金	根据薪资水平和服务年限支付预定退休受益的养老金基金（DB Fund）。非 SMSF 形式，适用不同监管规则。

多元化	跨资产类别、行业及地区分散投资，以降低集中风险。SIS 法规要求投资策略中须明确考量多元化。
缩小居所缴款 Downsizer Contribution	从主要住宅出售所得向养老金的缴款，适用于 55 岁以上的成员。每人最多 30 万澳元；在非优惠缴款上限之外。
ECPI（豁免当期养老金收入）	在支持养老金负债的资产上所赚取的收入及资本收益，可豁免所得税。适用两种计算方法：资产隔离法（Segregation Method）和非隔离比例法（Proportionate Method）。
红利抵税额（Franking Credit）	附属于澳大利亚公司股息、代表该公司已缴企业税的税收抵免额。SMSF 可用于抵减税务责任，超额部分通常可申请退还。
自用资产	向 SMSF 关联方的贷款或对关联方的投资。受基金资产 5%上限的约束。超过上限触发合规义务。。
合法个人代理人（LPR	已故人士遗产的执行人（或无遗嘱时由法院指定的遗产管理人）。可作为 BDBN 的有效受益人，在遗产规划中具有重要意义。。

有限追索权借贷安排（LRBA）	允许 SMSF 借款购单一资产（或一组相同资产）的机制。贷款人的追索权限于被收购资产。
最低养老金	每年必须从以账户为基础的养老金账户中支付的最低金额，按成员年龄计算为期初余额的百分比。
非公平交易收入（NALI）	来自各方未在公平交易条款下行事、且 SMSF 因此获得超出公平市场水平收益的安排所产生的收入。适用 45% 最高税率
非优惠缴款 Non Concessional Contribution	税后向养老金的缴款。进入时不征税。年度上限：120,000 澳元（2025-26）。受养老金总余额限制。
不失效 BDBN	不会在 3 年后到期的约束性死亡受益提名（即长期有效的 BDBN）。仅在 SMSF 信托契约明确允许的情况下才有效。
养老金期（退休期）	成员提取收入的养老金阶段。支持资产的收益和收益在 ECPI 下免税。
提取养老金年龄	成员可以访问其养老金的年龄（对 1964 年 7 月 1 日以后出生的任何人，目前为 60 岁）。

比例规则	要求每次养老金支付（提款或死亡受益）包含与账户余额相同的免税对应税组成部分比例的规则。
关联方	SMSF 成员或受托人的关联实体或关联人士。与关联方的交易受严格限制，以防止利益冲突并保护退休资产
转让型养老金	在成员死亡时自动转至提名受益人（通常为配偶）的以账户为基础的养老金，不中断继续。
SIS 法案	《1993 年养老金行业（监管）法》------管理 SMSF 运营、投资规则和受托人义务的主要法律。
唯一目的测试	规定 SMSF 须仅用于为成员及其受益人提供退休、死亡或残障受益的法定要求（SIS 法案第 62 条）。违反此测试可能导致基金被认定为非合规。
养老金保障（SG）法律要求	最低雇主缴款。目前 12%（2025-26）
免税组成部分	代表进入基金时未经征税的缴款（主要为非优惠缴款）所占的成员余额比例。提款或以死亡受益形式分配时，该部分免税。

应税组成部分	代表优惠缴款、雇主缴款及基金投资收益所占的成员余额比例。向非受抚养受益人支付时须按适用税率缴税
遗嘱信托	由遗嘱创建、于立遗嘱人身故时生效的信托。可对流经遗产的养老金死亡受益及其他遗产资产进行税务高效的分配。
养老金总余额（TSB）	成员在所有养老金中的养老金余额加上某些未偿 LRBA 金额的总和。用于确定非优惠缴款、提前和补缴缴款的资格。
转移余额上限（TBC）	可以转入退休期的养老金受益总量的终身限额。目前 200 万澳元（2025-26 起，须按指数调整）。
信托契约	建立 SMSF、规定基金管理规则的法律文件。必须遵守养老金法律并定期审查。
受托人声明（NAT 71089）	ATO 表格，所有新的个人受托人和法人受托人董事必须在 21 天内签署，确认其了解义务。
注销	终止 SMSF 运营的正式流程，包括变现资产、支付成员受益、完成最终审计与税务申报，以及注销基金 ABN 和相关登记。

工作测试	要求 67 至 74 岁成员在一个财政年度内，任意连续 30 天内至少工作 40 小时，方可进行个人缴款的合规测试。

向 SMSF 理财顾问提问的问题

SMSF 受托人与专业理财顾问之间的关系，是你将维持的最重要的财务关系之一。理财顾问持有你可能永远无法完全复制的知识。但受托人持有不能委托的决策权威和责任。最好的结果来自真正的合作关系------理财顾问拥有深厚的专业知识，受托人有能力提出正确的问题。

在与任何新 SMSF 理财顾问的第一次会议上使用此列表，并在年度审查时重新考虑最相关的问题。

关于顾问资质和方法的问题

问题	你在寻找什么
你持有哪些具体的 SMSF 资质和经验？寻找：具有 SMSF 权限	AFSL、CAANZ 或 CPA 会员资格、SMSF 协会的 SMSF 专家顾问（SSA）称号
你自己经营 SMSF 吗？	个人经验并非必须，但它表明对该结构的真正承诺
你目前服务多少 SMSF 客户？	太少（<10）和太多（每位顾问>300）都可能令人担忧；询问支持团队结构
你如何收费？	费用结构（按小时、固定、资产百分比）的透明度是必要的；了解费用包含哪些内容

| 你是否外包任何合规职能，如果是，给谁？ | 了解参与管理你基金的完整团队 |

关于基金合规的问题

问题	你在寻找什么
我们当前的投资策略是否合规？上次更新是什么时候？ 应至少每年审查一次；应提及持有的具体资产	
我们所有的关联方交易是否以公平交易价格记录？	与关联方的任何交易都应有同期的市场定价证据
我们所有的 BDBN 提名是否为当前且正确执行？	检查日期；检查见证；检查受益人是否合格
我们当前的 ECPI 方法是什么，是否适合我们的基金？	隔离法对非隔离法；对本年度和计划变更的影响
过去 3 年是否提出了任何审计发现或 ATO 询问？	它们如何解决？采取了什么预防措施？
每位成员的当前非优惠缴款空间是多少？	基于 TSB 和当前上限；在任何大额缴款之前确认

| 我们的任何资产是否面临 NALI 风险？ | 与关联方的任何安排都应进行评估 |

关于未来规划的问题

问题	你在寻找什么
未来三年的最优缴款策略是什么？	优惠、非优惠、补缴、缩小居所------哪些适用，按什么顺序？
我们何时应开始养老金期，TBC 影响是什么？	模拟 TBC 使用情况；确认转让型养老金提名
非受抚养受益人的估计死亡受益税风险是什么？	了解免税对应税比例；探索再缴款策略
如果一名受托人死亡、丧失行为能力或移居海外，我们的计划是什么？	业务连续性；法人受托人优势；如需注销的时间线
在什么余额或生活阶段你会建议我们考虑注销？	相对于替代方案的成本收益分析；什么会触发注销建议？
我们的 SMSF 如何与我们的整体遗产计划整合？	确认 BDBN、转让型养老金、遗嘱和遗嘱信托条款的一致性

提出这些问题，未必每次都能换来轻松愉快的对话。如果顾问上一次审查你的投资策略已是很久以前的事，如果他对 ECPI 方法的解释显得含糊，如果他对你的 BDBN 是否仍然有效说不出确定的答案——这些不一定意味着你要立刻换人。它们只是在告诉你：有些事需要被看见，然后被处理。

一段好的顾问关系，衡量标准从来不是"一切都好"。它的价值，恰恰在于找出哪里还不够好——然后把它变好。